Laurence Laurendon Gilles Laurendon

Einmachen

Pikantes und Fruchtig-Süßes für den Vorrat
Mit über 100 Rezepten

Fotos von Akiko Ida

AT Verlag

Vielen Dank an

- Pasta Luna, 15, rue Mézières, 75006 Paris.
- »Airelle« und »Miss Olive«.
- Gérard Ciprès für die Realisation einiger Rezepte, darunter das kapriziöse *Clafoutis mit Kirschen und Rosmarin.*

Bravo, Akiko !

Die Originalausgabe dieses Buches ist 2002 unter dem Titel »Conserves Maison«
bei Marabout, Hachette, Paris, erschienen. Text © Les recettes d'Amandine, Fotos © Akiko Ida.

Aus dem Französischen übersetzt von Regine Brams, München.

AT Verlag, Baden und München
Redaktion und Satz: Redaktionsbüro Cornelia Klaeger, München
Druck und Bindearbeiten: Estella Graficas, Spanien
Printed in Spain

ISBN 3-03800-243-7

www.at-verlag.ch

Inhalt

Wer Obst und Gemüse der Saison einmacht, kann es das ganze Jahr über genießen! Das Konservieren an sich ist ganz einfach – damit auch wirklich nichts schief geht, finden Sie hier ein paar nützliche Tipps.

Zum Einmachen brauchen Sie keine besondere Begabung. Jeder, selbst ein blutiger Anfänger, kann sich köstliche Vorräte anlegen. Voraussetzung dafür ist allerdings, dass Sie stets Zutaten von bester Qualität verarbeiten.

Falls Sie zu den Glücklichen gehören, die einen Garten ihr Eigen nennen, dann sollten Sie Obst und Gemüse vor Einsetzen der Mittagshitze ernten. Der Morgentau sollte allerdings schon verdunstet sein. Ernten Sie möglichst nicht bei Regenwetter. Verarbeiten Sie Obst und Gemüse zu Beginn der jeweiligen Saison, sobald sie richtig reif sind.

Hygiene ist das A und O. Verwenden Sie deshalb nur spezielle Einmachgläser, also solche mit Gummiring und Metallklammer oder Gläser mit fest schließenden Schraubdeckeln. Sie können Einmachgläser mehrfach verwenden, wenn Sie vor jedem Einsatz den Gummiring erneuern.

Die gefüllten Gläser können Sie in einem Kochtopf, im Schnellkochtopf oder in einem speziellen Dampf-Druckgarer sterilisieren.

Achtung!

Fertiggerichte

Für das Einkochen von Speisen mit Fisch, Geflügel oder Fleisch und zum Haltbarmachen von bestimmten säurearmen Gemüsesorten eignet sich ein Dampf-Druckgarer am besten. Denn erst bei einer Temperatur von über 100 °C werden verderbniserregende Mikroorganismen wie Bakterien, Hefen oder Sporen unschädlich gemacht. Diese Temperatur wird in einem Einmachtopf oder in einem gewöhnlichen Kochtopf nur schwer erreicht.

Gehen Sie kein Risiko ein, wenn ...

... der Deckel eines Einmachglases aufspringt, sich stark nach oben wölbt oder sich zu leicht öffnen lässt.
... der Gummiring gerissen ist.
... das Einmachgut verschimmelt ist.
Zögern Sie in all diesen Fällen nicht: Der Inhalt solcher Gläser gehört unbedingt in den Müll!

Damit das Einmachgut lange hält

Obst und Gemüse blanchieren

Einige Obst- und Gemüsesorten müssen vor dem Einmachen nicht nur gewaschen, sondern auch blanchiert, also kurz in heißes Wasser gegeben und anschließend eiskalt abgeschreckt werden. Das verhindert, dass sich Farbe oder Geschmack ändern. Die Blanchierflüssigkeit nicht weiterverwenden, sondern wegschütten.

Gläser vorbereiten

Zuerst die Gläser mit Spülmittellauge abwaschen, dann ausspülen und anschließend für einige Minuten in einen Topf mit kochendem Salzwasser geben. Herausnehmen und umgedreht auf einem sauberen Küchentuch abtropfen lassen. Sie können die Gläser zum Trocknen auch für 5 Minuten in den heißen Backofen (110 °C) stellen.

Einmachgut einfüllen

Geben Sie nie zu viel Obst oder Gemüse in das Glas, und füllen Sie Flüssigkeit nur bis höchstens 1,5 cm unter dem Rand auf. Sonst könnte der Gummiring beim Sterilisieren reißen oder sich verformen.

Gläser verschließen

Vor dem Verschließen immer einen frischen Gummiring einsetzen. Der Ring soll verhindern, dass Luft in das Glas eindringt.

Richtig sterilisieren

Damit das Glas während des Erhitzungsvorgangs nicht platzt, wickeln Sie es in ein Küchentuch. Das fest verschlossene und umwickelte Glas dann in einen Einmachtopf, einen Schnellkochtopf oder in den Dampf-Druckgarer stellen und mit Wasser bedecken. Wenn Sie einen Schnellkochtopf verwenden, reduzieren Sie die angegebene Zeit um ein Drittel. Haben Sie keinen Schnellkochtopf, reicht auch ein großer und ausreichend hoher Kochtopf mit fest aufliegendem Deckel. Aufpassen, dass das Wasser nicht überkocht! Halten Sie sich genau an die angegebenen Temperaturen und Zeiten. Das Sterilisieren beginnt in dem Moment, in dem das Wasser sprudelnd kocht. Nach Ablauf dieser Zeit die Hitze abschalten und die Gläser im Wasser langsam abkühlen lassen.

Konserviertes aufbewahren

Lagern Sie die Gläser an einem trockenen, kühlen und dunklen Platz.

Mindestens haltbar bis ...

Was bleibt wie lange genießbar? Das hängt von der Konservierungsmethode ab!

Mit Wasser eingemacht
Obst und Gemüse, die nur in gesüßtes oder gesalzenes Wasser eingelegt werden, halten sich nach dem Sterilisieren etwa ein Jahr. Falls Sie jedoch Schimmel auf der Oberfläche des Glasinhalts bemerken, gibt es nur eins: Ab in den Müll – möglicherweise war das Glas nicht fest genug verschlossen, oder die Sterilisierzeit war zu kurz.

In Salz oder Essig konserviert
In Salz oder Essig Eingelegtes wie Kapern, Kräuter oder Chutneys bricht man üblicherweise 1–2 Monate nach der Herstellung an. Haltbarkeit: mindestens ein Jahr. Ausnahmen sind beispielsweise in Essig eingelegte Rote Beten und eingesalzene Sardellen – sie halten sich nur etwa 3 Monate. Vergessen Sie deshalb nicht, Etiketten mit dem Herstellungsdatum an den Gläsern anzubringen.

In Öl haltbar gemacht
In Öl Eingelegtes wird ebenfalls 1–2 Monate nach der Herstellung angebrochen. Die Haltbarkeit ist allerdings länger: 10–12 Monate.

Mit Zucker eingekocht
Süße Aufstriche wie Konfitüren und Gelees halten sich eine Saison lang. Sirup aus Zitronen, Minze usw. sollte allerdings sofort angebrochen und bald verbraucht werden – die Haltbarkeit beträgt nur etwa einen Monat.

In Alkohol eingelegt
Was in hochprozentigen Alkohol eingelegt wurde, hält sich am längsten. Das kommt auch dem Aroma zugute: Je länger die Früchte durchziehen dürfen, desto besser schmecken sie. Deshalb sollten Sie sich mindestens 2 Monate gedulden, bevor Sie die Gläser zum ersten Mal öffnen.

Durch Trocknen haltbar gemacht
Kräuter, Gemüse, Pilze und Obst halten sich getrocknet 6–8 Monate. Wichtig ist, dass das Trockengut keinerlei Feuchtigkeit mehr enthält. Eine einzige faule Stelle kann alles andere im Glas verderben.

Mangochutney

- Eine Hälfte der Mango so dicht wie möglich am Stein abschneiden. Das Fruchtfleisch mit einem Messer rautenförmig einschneiden, dann die Schale nach innen drücken und das Fruchtfleisch von der Schale lösen. Mit der zweiten Mangohälfte ebenso verfahren.
- Das Mangofruchtfleisch in einer Schüssel mit Zucker, Essig und Gewürzen mischen. Durchziehen lassen.
- Die Mischung in einen Topf geben und bei sehr schwacher Hitze unter gelegentlichem Rühren köcheln und eindicken lassen.
- Das Chutney in ein sterilisiertes Einmachglas füllen und dieses fest verschließen. Denken Sie an den Gummiring!
- Zum Schluss das Glas umdrehen, damit ein Vakuum entsteht.
- Am besten schmeckt das Chutney etwa 2 Wochen nach der Herstellung. An einem dunklen, kühlen Ort hält es sich sehr lange. Es passt zu Reis, Fisch, Kalbfleisch und Geflügel (siehe auch Seite 62).

So funktioniert Konservieren

Die Rezepte in diesem Buch sind absolut unkompliziert. Trotzdem schadet es nicht, wenn Sie etwas mehr über die diversen Konservierungsmethoden wissen. Sie verstehen dann auch, warum von Fall zu Fall der einen oder der anderen Methode der Vorzug gegeben wird.

Einlegen in Öl

Fett verhindert, dass Luft an das Eingelegte gelangt. Außerdem schützt es vor Oxidation, Schimmelbildung und Austrocknen. Zudem bleibt in Öl Eingelegtes lange ansehnlich.

Trocknen

Beim Trocknen wird Lebensmitteln die Feuchtigkeit entzogen, damit sie nicht faulen. Getrocknet wird in der Sonne oder im Backofen (mit leicht geöffneter Klappe, damit die Feuchtigkeit entweichen kann).

Keimtötende Verfahren

Das Einlegen in Salz, Alkohol, Essig oder Zucker verhindert die Entwicklung von Mikroben. Verwenden Sie Produkte guter Qualität: Meersalz statt Steinsalz, starken Essig (7 Prozent Säure), Spirituosen mit 48–52 Volumenprozent Alkohol sowie Zuckerraffinade. Auch wenn Sie sie noch so gern mögen: Verzichten Sie auf den Gebrauch von braunem Zucker und Rohrohrzucker.

Sterilisieren

In Wasser Eingelegtes muss immer sterilisiert werden. Dazu stellen Sie die Gläser in den Einmachtopf, in den Schnellkochtopf oder in den Druck-Dampfgarer. Durch die Hitze entweicht die Luft aus den Gläsern, und Schimmelbildung wird vorgebeugt.
Die Einkochtemperaturen unterscheiden sich, je nachdem, ob Sie einen Einmachtopf, den Schnellkochtopf oder den Druck-Dampfgarer verwenden. Die in diesem Buch angegebenen Sterilisierzeiten gelten ab dem Moment, in dem das Wasser kocht. Verwenden Sie den Schnellkochtopf oder den Dampf-Druckgarer, verringert sich die Zeit um etwa ein Drittel.

Ein paar Beispiele

Beschwipste Kirschen

Die Kirschen in ein sterilisiertes Glas geben, mit Zucker bedecken und bis 2–3 cm unter dem Rand mit Branntwein oder Korn aufgießen. Das Glas verschließen und an einem trockenen, dunklen Platz aufbewahren.

Getrocknete Tomaten in Öl

Die getrockneten Tomaten in ein sterilisiertes Glas geben. Mit so viel Olivenöl aufgießen, dass die Tomaten vollständig bedeckt sind. Das Glas an einem dunklen Platz aufbewahren. Nach dem Öffnen immer wieder Öl nachfüllen, damit die Tomaten bedeckt sind und nicht austrocknen.

Sardellen in Salz

Abwechselnd Sardellen und grobes Meersalz in ein sterilisiertes Glas schichten. Das Glas verschließen und an einem dunklen Platz aufbewahren.

Eingelegte Zitronen

Die Zitronen waschen und mit einem Messer ein-, aber nicht durchschneiden. Grobes Meersalz in den Einschnitt geben. Die Zitronen in ein sterilisiertes Glas füllen und einen Esslöffel grobes Meersalz hinzufügen. Das Glas verschließen, an einem dunklen Platz aufbewahren.

Getrocknete Pilze

Mit Nadel und Faden die Pilze an den Stielen auffädeln. Dabei nach jedem Pilz einen Knoten machen, damit die Pilze sich auf dem Faden nicht berühren können. Die Pilzkette in ein Mulltuch hüllen und die Pilze an der Sonne trocknen lassen. Nach Ablauf der Trockenzeit (rechnen Sie mit mindestens 2 Wochen) die Pilze zum Aufbewahren in ein Glas geben.

Einlegen in Olivenöl

Dillöl

10 schwarze Pfefferkörner
5 Wacholderbeeren
12 Dillzweige
750 ml Olivenöl

Die Pfefferkörner und die Wacholderbeeren in eine Flasche geben. Die Dillzweige waschen, mit Küchenpapier trockentupfen und hinzufügen. Das Ganze mit dem Olivenöl aufgießen. Die Flasche verkorken und das Öl mindestens 2 Wochen durchziehen lassen.

TIPP • Dieses Öl passt besonders gut in einen Kartoffel-Hering-Salat oder in eine pikante Marinade für Lachs.

Knoblauch-Basilikum-Öl

2 Basilikumzweige
3 Knoblauchzehen
8 schwarze Pfefferkörner
4 Koriandersamen
750 ml Olivenöl

Das Basilikum waschen und mit Küchenpapier trockentupfen. Dann in der Sonne oder in einem Raum etwa 24 Stunden trocknen lassen. Anschließend in eine Flasche geben. Den Knoblauch schälen und ebenfalls in die Flasche geben. Pfeffer und Koriander hinzufügen und das Ganze mit dem Olivenöl aufgießen. Die Flasche verkorken und das Öl mindestens 2 Wochen durchziehen lassen.

TIPP • Dieses Öl eignet sich für Tomaten- und andere Salate, zum Würzen von gebratenem Fleisch und zum Einpinseln von Grillgut.

Chiliöl

Etwa 10 getrocknete kleine rote Chilischoten
4–5 Thymianzweige
3 Oreganozweige
10 schwarze Pfefferkörner
750 ml Olivenöl

Die Chilischoten in eine Flasche geben. Den Thymian und den Oregano waschen, mit Küchenpapier trockentupfen und ebenfalls in die Flasche geben. Die Pfefferkörner hinzufügen und das Ganze mit dem Olivenöl auffüllen. Die Flasche verkorken und das Öl mindestens 2 Wochen durchziehen lassen.

TIPP • Dieses scharfe Öl passt gut zu Pizza, zu gegrilltem Fisch und an Kartoffelsalaten.

Oreganoöl

2–3 frische Oreganozweige,
ersatzweise 2 EL getrockneter Oregano
750 ml Olivenöl

Den frischen Oregano waschen und mit Küchenpapier trockentupfen. Die Zweige in eine Flasche geben und das Öl dazugießen. Die Flasche verkorken und kühl und dunkel aufbewahren. Das Öl vor dem Verwenden etwa 10 Tage durchziehen lassen.

Basilikumöl

2–3 Basilikumzweige
750 ml Olivenöl

Das Basilikum waschen und mit Küchenpapier trockentupfen. Dann in eine Flasche geben und das Öl dazugießen. Die Flasche verkorken und kühl und dunkel aufbewahren. Das Öl vor dem Verwenden etwa 10 Tage durchziehen lassen.

TIPP • Dieses Öl schmeckt wunderbar zu frischen Tomaten und in Tomatensaucen.

Knoblauchöl

4 Knoblauchzehen
750 ml Olivenöl

Die Knoblauchzehen nach Belieben schälen und etwas andrücken. In eine Flasche oder ein Einmachglas geben und das Öl dazugießen. Das Gefäß verschließen und kühl und dunkel aufbewahren. Das Öl vor dem Verwenden etwa 10 Tage durchziehen lassen.

TIPP • Das Knoblauchöl würzt Pasta genauso wie gegrilltes Fleisch oder Gemüsesuppen.

Picodons mit Rosmarin

Zubereitungszeit: 5 Minuten

2–3 Rosmarinzweige
etwa 10 Picodons (kleine Ziegenfrischkäse)
750 ml Olivenöl

Den Rosmarin waschen und mit Küchenpapier trockentupfen. Die Zweige in Stückchen brechen. Ein paar Käselaibchen auf den Boden eines Einmachglases legen und mit Rosmarin bedecken. Eine weitere Schicht Käse einfüllen und auch diese mit Rosmarin bedecken. Mit dem restlichen Käse und Rosmarin ebenso verfahren. Das Öl dazugießen – die Käse müssen vollständig davon bedeckt sein. Das Glas fest verschließen und das Ganze vor dem Probieren etwa 10 Tage durchziehen lassen.

Ziegenfrischkäse in Olivenöl

Zubereitungszeit: 5 Minuten

10 kleine Ziegenfrischkäse
2 Thymianzweige
1 kleines Lorbeerblatt
12 schwarze Pfefferkörner
750 ml Olivenöl

Die Ziegenfrischkäse in ein Einmachglas geben. Thymian, Lorbeerblatt und Pfefferkörner hinzufügen. Mit Öl bedecken. Das Glas sorgfältig verschließen. Alles an einem kühlen Platz (nicht im Kühlschrank, dort wird das Öl dick) durchziehen lassen. Frühestens nach etwa 10 Tagen probieren.

TIPP • Beträufeln Sie ein paar Brotscheiben mit dem gewürzten Öl, und reichen Sie diese zu den marinierten Käselaibchen.

Ziegenkäse mit Knoblauch und Bohnenkraut

Zubereitungszeit: 5 Minuten

3 Bohnenkrautzweige, in Stückchen zerteilt
etwa 10 kleine Ziegenkäse
2 Knoblauchzehen, geschält
750 ml Olivenöl

Das Bohnenkraut waschen und mit Küchenpapier trockentupfen. Einige Ziegenkäse auf den Boden eines Einmachglases legen und etwas Bohnenkraut daraufgeben. 1 Knoblauchzehe hinzufügen. Eine weitere Lage Käse einschichten und mit Bohnenkraut bestreuen. Auf diese Weise die restlichen Käse und das restliche Bohnenkraut einschichten, dabei die zweite Knoblauchzehe dazugeben. Das Olivenöl über Käse, Rosmarin und Knoblauch gießen – die Käse müssen vollständig bedeckt sein. Das Glas fest verschließen. Alles an einem dunklen kühlen Platz etwa 10 Tage durchziehen lassen, dann erst probieren.

Ziegenfrischkäse in Olivenöl

Getrocknete Tomaten in Öl

Vorbereitungszeit: 15 Minuten
Trockenzeit: 1 Stunde 30 Minuten plus Abkühlzeit

500 g kleine vollreife Tomaten
1 Lorbeerblatt
1 EL Essig
750 ml Olivenöl

Die Tomaten waschen und trockenreiben, dann halbieren und entkernen. Den Backofengrill auf niedrigster Stufe oder den Backofen auf 120 °C vorheizen. Die Tomaten in eine ofenfeste Form geben, in den Backofen schieben und 1 1/2 Stunden trocknen lassen. Herausnehmen und abkühlen lassen.
Die Tomaten und das Lorbeerblatt in ein Einmachglas geben. Den Essig hinzufügen, die Tomaten mit dem Öl bedecken. Das Glas fest verschließen. Dunkel aufbewahren und darauf achten, dass die Tomaten stets mit Öl bedeckt sind. Nach dem Öffnen im Kühlschrank aufbewahren.

TIPP • Noch besser schmecken die Tomaten, wenn Sie sie – wie in den Mittelmeerländern üblich – an der Sonne trocknen lassen. Dafür die Tomaten auf eine Platte geben und direkt in die Sonne stellen. Die Früchte vor Staub schützen und regelmäßig wenden. Einige Tage an der Sonne trocknen lassen, über Nacht jedoch ins Haus an einen trockenen Ort stellen, damit sie nicht feucht werden.

Mit Thunfisch gefüllte Paprikaschoten in Öl

Zubereitungszeit: 15–20 Minuten

2 Lorbeerblätter
350 g kleine rote Paprikaschoten (Peperoni)
1 große Dose Thunfisch in Öl (etwa 300 g)
1 TL schwarze Pfefferkörner
750 ml Olivenöl

Die Lorbeerblätter waschen und mit Küchenpapier trockentupfen.
Die Paprikaschoten waschen und seitlich einschneiden, die Kerne entfernen.
In einem großen Topf Wasser zum Kochen bringen. Die Paprikaschoten hineingeben, und 2 Minuten kochen, dann herausnehmen und abtropfen lassen.
Den Thunfisch mit einer Gabel zerpflücken und die Paprikaschoten damit füllen.
Paprikaschoten, Lorbeerblätter und Pfefferkörner in ein Einmachglas geben. Mit dem Olivenöl bedecken und das Glas fest verschließen. Dunkel aufbewahren.

Mit Thunfisch gefüllte Paprikaschoten

Sardellen auf zweierlei Art

In Salz eingelegt

Zubereitungszeit: 45 Minuten

1 kg Sardellen
1 kg grobes Meersalz
Lorbeerblätter
Pfefferkörner
Gewürznelken

Die Sardellen in kaltem Wasser gründlich waschen. Abtropfen lassen, dann die Fischköpfe mit einem kleinen Messer abschneiden und die Fischchen ausnehmen.
Die Sardellen mit 500 g grobem Meersalz in eine Schüssel geben und alles gut mischen, bis die Fische rundum von Salz überzogen sind.
Bis zum nächsten Tag ruhen lassen.
Ein Einmachglas für 5–10 Minuten in einen Topf mit kochendem Wasser geben, anschließend umgedreht auf einem sauberen Tuch abtropfen lassen. Eine Schicht Salz auf den Boden des Glases streuen und eine Lage Sardellen (Bauchseiten nach unten) darauflegen. 1/2 Lorbeerblatt, 6 Pfefferkörner und 2 Gewürznelken darübergeben. Eine weitere Schicht Salz einfüllen, darauf wieder Pfefferkörner, Nelken und Lorbeer verteilen. Auf diese Weise das Glas füllen.
Das Glas verschließen.
Den Deckel des Glases mit einem Gewicht beschweren. Das Ganze für 1 Woche an einen kühlen, dunklen Platz stellen.
Anschließend das Glas öffnen und das Öl, das sich an der Oberfläche abgesetzt hat, abgießen.
Etwas grobes Salz über die Sardellen geben.
Das Glas fest verschließen und kühl und dunkel aufbewahren.
Vor dem Probieren etwa 3 Wochen durchziehen lassen.

TIPP • Die Sardellen nach Bedarf entnehmen und sorgfältig mit kaltem Wasser abspülen. Die Mittelgräten entfernen und die Fischchen für mindestens 1 Stunde in eine Schüssel mit kaltem Wasser legen.

In Öl eingelegt

Die Sardellen wie beschrieben einsalzen und eine Woche ruhen lassen. Danach die Fischchen einzeln herausnehmen und säubern. Ein Einmachglas in einen Topf mit kochendem Wasser geben und 5–10 Minuten darin sterilisieren, dann herausnehmen und umgedreht auf einem sauberen Küchentuch abtropfen lassen.
Die Sardellenfilets in das Glas schichten und mit Olivenöl bedecken. Das Glas fest verschließen und 1 1/2 Stunden sterilisieren, dann abkühlen lassen. Das Glas am nächsten Tag erneut 30 Minuten sterilisieren.

TIPP • Die eingelegten Sardellen schmecken köstlich im Salade niçoise, auf Pizza und auf gerösteten, mit Olivenöl beträufelten Brotscheiben. Sie können sie auch zur Herstellung von Sardellenbutter verwenden, oder Sie pürieren die Filets und reichen das Sardellenpüree als Dip zu rohen Gemüsestiften.

Sardellen in Ölivenöl

Marinierter Feta

Den Feta in kleine Würfel schneiden. Ein Einmachglas sterilisieren und gut abtropfen lassen. Die Schafskäsewürfel hineingeben und mit einem der aromatisierten Olivenöle (siehe Seite 12) bedecken. Schmeckt köstlich in Salaten!

Nudelsalat

Geben Sie zur Abwechslung einmal gewürfelte getrocknete Tomaten (siehe Seite 16) sowie Selleriestückchen und Kapern in Ihren Nudelsalat, und machen Sie alles mit einer Olivenöl-Vinaigrette an.

Pizzaöl

Mit Chiliöl (siehe Seite 12) können Sie Pizzas noch mehr Würze verleihen. Aber Vorsicht: Je länger es durchzieht, um so schärfer wird das Öl. Ein paar Tropfen sind genug.

Minipizzas

Aus Pizzateig mit einem Glas etwa 12 Kreise ausstechen. Diese Teigböden mit Tomatencoulis (siehe Seite 96) bestreichen, mit je 1 Scheibe Mozzarella belegen und mit Oregano bestreuen. Mit je 1 Paprikastreifen sowie 1 Olive krönen und zum Schluss mit Olivenöl beträufeln. Bei 210 °C im vorgeheizten Ofen etwa 12 Minuten backen.

Gegrilltes

Bepinseln Sie Fleischstücke (beispielsweise Schweinekoteletts) vor dem Grillen mit Knoblauch-Basilikum-Öl (siehe Seite 12). Das Fleisch auf jeder Seite 6 Minuten grillen, dann sofort servieren. Dazu passt grüner Salat.

Tomaten mit Mozzarella

Vollreife Tomaten in Scheiben schneiden und zwischen zwei Scheiben jeweils eine Scheibe Mozzarella legen. Mit Basilikumöl (siehe Seite 12) beträufeln, dann salzen und pfeffern. Mit Basilikumblättchen garnieren und sofort servieren. Dazu passen eingelegte schwarze Oliven.

Kartoffelsalat

Kartoffeln in der Schale garen. Schälen, solange die Knollen noch warm sind, dann in Scheiben schneiden. 6 geviertelte Schalotten und nach Belieben 1 gehackte Knoblauchzehe hinzufügen. Das Ganze mit einer Oregano-Öl-Vinaigrette anmachen.

Rindercarpaccio

Ein schönes Stück Rinderfilet für 10–15 Minuten in das Gefriergerät legen, damit es etwas anfriert und dadurch fester wird. Das Fleisch in sehr dünne Scheiben schneiden. Einen großen Teller mit Basilikumöl (siehe Seite 12) bepinseln. Darauf die Fleischscheiben anrichten, mit Öl bepinseln, salzen und pfeffern.

TIPP • Bestreuen Sie das Carpaccio kurz vor dem Servieren mit grob geriebenem frischem Parmesan.

Scharfe Garnelen

Gegarte Garnelen schälen und in eine tiefe Schale legen. In einer Schüssel Olivenöl und Chiliöl (siehe Seite 12) nach Geschmack verrühren. Das Öl über die Garnelen geben und diese mindestens 2 Stunden zugedeckt durchziehen lassen.

TIPP • Sie können die Garnelen zum Aperitif servieren. Mit grünem Salat und gebratenen Reis dazu entsteht ein Hauptgericht.

Marinierte Hähnchenkeulen

Hähnchenkeulen in eine tiefe Schale legen. Mit einer Mischung aus zwei Dritteln Knoblauchöl (siehe Seite 12) und einem Drittel Chiliöl (siehe Seite 12) bedecken, mit etwas gehacktem Koriandergrün bestreuen. Die Hähnchenkeulen mindestens 2 Stunden durchziehen lassen, dann im heißen Backofen oder auf dem Holzkohlengrill knusprig garen.

Kabeljau mit Dillöl

Ein Kabeljaufilet in große Würfel schneiden. In eine tiefe Schale geben, mit Dillöl (siehe Seite 12) bedecken und mindestens 2 Stunden durchziehen lassen. 1 Zwiebel würfeln und in etwas Olivenöl in einer heißen Pfanne anbraten. Die marinierten Fischwürfel aus dem Öl nehmen, etwas abtropfen lassen und bei mittlerer Hitze braten. Mit Salz und Pfeffer würzen.

TIPP • Die gebratenen Fischwürfel kurz vor dem Servieren mit Zitronensaft beträufeln und mit gehackten Dillspitzen bestreuen.

Rindercarpaccio

Lachs mit Dill und Senfsauce

Für 4 Portionen
Zubereitungszeit: 10 Minuten

400 g Räucherlachs in Scheiben
Dillöl (siehe Seite 12)
1 EL geschrotete weiße Pfefferkörner

Für die Sauce
1 TL Zucker
1 TL gehackte Dillspitzen
1 EL süßer Senf
1 TL Weinessig
4 EL Sonnenblumenöl

Die Lachsscheiben nebeneinander in eine große, tiefe Schale legen.
Mit Dillöl beträufeln und mit dem Pfeffer bestreuen. Mit Frischhaltefolie abdecken und für mindestens 2 Stunden in den Kühlschrank stellen.
Unmittelbar vor dem Servieren die Sauce zubereiten: Dafür Zucker, Dill und Senf in einer Schüssel mischen. Den Essig unterrühren und zum Schluss nach und nach unter ständigem Rühren das Öl hinzufügen.

Lachs mit Dill und Senfsauce

Gegrillte Hähnchenbrust mit Knoblauch

Für 4 Portionen
Zubereitungszeit: 15–20 Minuten

2 Hähnchenbrustfilets
1 EL Knoblauchöl (siehe Seite 12)
Pfeffer aus der Mühle
Salz
einige Basilikumblätter
200 g Blattsalate, gewaschen und trockengeschleudert
3 kleine Zwiebeln
1/2 EL Honigessig (siehe Seite 36)
3 EL Olivenöl

Den Backofengrill vorheizen.
Die Hähnchenbrustfilets in dünne Scheiben schneiden und diese mit Knoblauchöl bestreichen. Pfeffern und sparsam salzen.
Die Hähnchenbrustscheiben etwa 6 Minuten grillen, dabei häufig wenden, damit sie gleichmäßig garen und nicht verbrennen.
Die Basilikumblätter in Streifen schneiden und mit den Blattsalaten in eine große Schüssel geben. Die Zwiebeln schälen und in feine Ringe schneiden, ebenfalls in die Schüssel geben.
Aus Honigessig und Olivenöl eine Marinade rühren. Über den Salat geben, Salz und Pfeffer hinzufügen und alles gut mischen. Die Hähnchenbrustscheiben auf dem Salat anrichten und das Ganze sofort servieren.

Gegrillte Hähnchenbrust mit Knoblauch

Geröstetes Brot mit Ziegenkäse

Für 4 Portionen
Zubereitungszeit: 5–10 Minuten

4 in Olivenöl eingelegte Ziegenfrischkäse (siehe Seite 14)
4 Scheiben Bauernbrot oder
1/2 frisches Baguette
Pfeffer aus der Mühle

Den Backofengrill vorheizen.
Die Ziegenkäse aus der Marinade nehmen und abtropfen lassen. Quer halbieren und beiseite stellen.
Die Brotscheiben unter dem heißen Grill auf beiden Seiten etwas anrösten. Herausnehmen und mit den Käsehälften belegen. Wieder unter den Grill schieben und den Käse unter der Hitze schmelzen lassen.
Die Käsebrote aus dem Ofen nehmen, mit etwas Pfeffer würzen und sofort servieren. Dazu passt grüner Salat mit Kräutern oder Rucolasalat.

Geröstetes Brot mit Ziegenkäse

Creme aus getrockneten Tomaten und Olivenöl

Zubereitungszeit: 15 Minuten

200 g getrocknete Tomaten
1 Lorbeerblatt
Olivenöl

Die getrockneten Tomaten etwa 10 Minuten in 200 ml heißem Wasser einweichen. Anschließend in der Küchenmaschine oder im Mixer pürieren; falls erforderlich, noch etwas Wasser hinzugeben. Die Tomatencreme mit dem Lorbeerblatt in ein Einmachglas geben und mit etwas Olivenöl bedecken. Das Glas fest verschließen und an einen dunklen Platz stellen. Nach dem Öffnen im Kühlschrank aufbewahren.

Pizzas mit Sardellen und Tomatencreme

Für 4 Portionen
Zubereitungszeit: 20 Minuten
Gehen lassen: etwa 1 Stunde
Backzeit: 12 Minuten

Für den Teig
1 Päckchen Trockenhefe
250 g Mehl, zusätzlich etwas Mehl für das Backblech
Salz
1 EL Olivenöl, zusätzlich etwas Olivenöl für das Backblech

Für den Belag
Knoblauchöl
Creme aus getrockneten Tomaten
20 Sardellenfilets
1 TL Oregano
Olivenöl zum Beträufeln

Für den Teig die Hefe in 2 Esslöffel lauwarmem Wasser auflösen. Mehl, Salz und Hefewasser in der Küchenmaschine zu einem Teig verarbeiten, dabei 150 ml lauwarmes Wasser mit 1 Esslöffel Olivenöl bei laufender Maschine nach und nach dazugeben. Sobald sich der Teig zu einer weichen Kugel geformt hat und sich vom Schüsselrand löst, die Teigkugel herausnehmen und auf ein Brett legen. Mit einem Tuch bedecken und an einem warmen, zugfreien Platz etwa 1 Stunde gehen lassen, bis sich das Teigvolumen etwa verdoppelt hat.
Ein Backblech fetten und dünn mit Mehl bestäuben. Den Backofen auf 210 °C vorheizen.
Den Teig in vier Portionen teilen und jede zu einer Kugel formen. Diese auf das gefettete Blech legen und mit den Händen flach drücken.
10 Minuten gehen lassen.
Die Teigscheiben erst mit Knoblauchöl, dann mit Tomatencreme bestreichen. Mit Sardellenfilets belegen und mit Oregano bestreuen. Die Pizzas mit etwas Olivenöl beträufeln und 12 Minuten backen. Sofort servieren.

Pizzas mit Sardellen und Tomatencreme

Einlegen in Essig

Estragonessig

5 Estragonzweige
1 l Weißweinessig

Die Estragonzweige waschen, mit Küchenpapier trockentupfen und 1 Woche an einem dunklen Platz trocknen lassen.
Die getrockneten Estragonzweige in eine Flasche geben und den Essig dazugießen. Die Flasche fest verschließen, kühl und dunkel aufbewahren. Den Essig vor dem Verwenden etwa 3 Wochen durchziehen lassen.

TIPP • Dieser Essig passt wunderbar zu einem feinen Geflügelsalat oder zu Spiegeleiern.

Myrte-Brombeer-Essig

1 Hand voll kleine Brombeeren
1 kleiner Myrtenzweig
1 l Weißweinessig

Die Brombeeren und den Myrtenzweig waschen und mit Küchenpapier trockentupfen. Beide Zutaten in eine Flasche geben und den Essig dazugießen. Die Flasche fest verschließen, kühl und dunkel aufbewahren. Den Essig vor dem Verwenden etwa 3 Wochen durchziehen lassen.

TIPP • Dieser Essig eignet sich hervorragend zum Ablöschen des Bratensatzes von Hirsch- oder Rehbraten.

Rosmarinessig

1 schöner Rosmarinzweig
1 l Weißweinessig

Den Rosmarin waschen und mit Küchenpapier trockentupfen. Den Kräuterzweig in eine Flasche geben und den Essig dazugießen. Die Flasche fest verschließen, an einen kühlen und dunklen Ort stellen. Den Essig vor dem Verwenden etwa 3 Wochen durchziehen lassen.

TIPP • Der Rosmarinessig passt gut zu gegrilltem Fleisch und gedämpftem Fisch.

Basilikumessig

1 Basilikumzweig
1 l Weißweinessig

Das Basilikum waschen und mit Küchenpapier trockentupfen. Dann in eine Flasche geben und den Essig dazugießen. Die Flasche fest verschließen und an einen kühlen und dunklen Ort stellen. Den Essig vor dem Verwenden etwa 3 Wochen durchziehen lassen.

TIPP • Eignet sich bestens für eine Vinaigrette mit Olivenöl.

Rosmarinessig (links) und Myrte-Brombeer-Essig (rechts)

Essig mit Erdbeerbaumfrüchten

1 Hand voll Erdbeerbaumfrüchte
5 kleine Lorbeerblätter
1 l Weißweinessig

Die Erdbeerbaumfrüchte und die Lorbeerblätter waschen und mit Küchenpapier trockentupfen. Früchte und Lorbeer in eine Flasche geben und den Essig dazugießen. Die Flasche fest verschließen, kühl und dunkel aufbewahren. Den Essig vor dem Verwenden etwa 3 Wochen durchziehen lassen.

TIPP • Schmeckt sehr gut in einer Vinaigrette oder an einem Salat aus frischen Kräutern. Die Erdbeerbaumfrüchte reifen in der Flasche weiter und werden dabei wunderschön rot.

Honigessig

4 EL Honig
1 l Apfelessig

Honig und Apfelessig in eine Flasche geben. Die Flasche fest verschließen, an einen kühlen und dunklen Platz stellen. Den Essig vor dem Verwenden etwa 3 Wochen durchziehen lassen.

TIPP • Dieser Honigessig eignet sich gut für eine Vinaigrette, zum Aufpeppen von Apfelkompott oder zum Ablöschen eines Bratensatzes (beispielsweise von Entenbrust).

Honigessig

Silberzwiebeln in Essig

Kirschen in Essig

Silberzwiebeln in Essig

Zubereitungszeit: 25 Minuten

500 g kleine Silberzwiebeln
1 Gewürznelke
1 Lorbeerblatt
5 schwarze Pfefferkörner
500 ml Weißweinessig

Die Zwiebeln schälen und kurz kalt abbrausen. Wasser in einem großen Topf zum Kochen bringen, die Zwiebeln hineingeben und 2 Minuten kochen. Abgießen und abtropfen lassen, dann mit Nelke, Lorbeerblatt und Pfefferkörnern in ein Einmachglas geben.
Den Essig in einen Topf gießen, aufkochen und 3 Minuten sprudelnd kochen lassen. Vom Herd nehmen und abkühlen lassen. Die Zwiebeln mit dem Essig bedecken.
Das Glas fest verschließen, an einen kühlen und dunkln Platz stellen. Die Zwiebeln vor dem Probieren etwa 2 Monate durchziehen lassen.

Kirschen in Essig

Zubereitungszeit: 15 Minuten

500 g Kirschen
600 ml Apfelessig
100 g brauner Zucker
2 Gewürznelken
1 Stückchen Zimtstange
1/4 TL geriebene Muskatnuss

Die Stiele von den Kirschen abzupfen und die Kirschen kurz kalt abbrausen. Abtropfen lassen, mit Küchenpapier trockentupfen und in ein Einmachglas geben.
Den Essig in einen Topf gießen. Zucker, Nelken, Zimt und Muskatnuss hinzufügen. Alles aufkochen und 3 Minuten sprudelnd kochen lassen, dann vom Herd nehmen und abkühlen lassen. Die Kirschen mit dem Würzzessig vollständig bedecken.
Das Glas fest verschließen und kühl und dunkel aufbewahren. Die Kirschen vor dem Probieren etwa 2 Monate durchziehen lassen.

Essiggurken mit Estragon

Zubereitungszeit: 30 Minuten
Durchziehen lassen: 1 Nacht

1 kg kleine Cornichons (Einlegegurken)
300 g grobes Salz
10 frische Estragonzweige, ersatzweise getrockneter Estragon
4 Schalotten
15 schwarze Pfefferkörner
15 Koriandersamen
1 l Weißweinessig

Versuchen Sie, möglichst frisch geerntete Gurken von gleicher Größe zu bekommen.
Die Gurken von den Stielen befreien, anschließend kräftig mit einem Küchentuch abreiben, um den Flaum zu entfernen.
Gurken und Salz in eine große Schüssel geben und gut mischen. Über Nacht durchziehen lassen – das Salz entzieht den Gurken Flüssigkeit.
Am nächsten Tag die Gurken abtropfen lassen und sorgfältig trockentupfen.
Die Gurken auf die Einmachgläser verteilen. Estragon, Schalotten, Pfefferkörner und Koriander hinzufügen und alles mit dem Essig aufgießen.
Die Gläser fest verschließen und kühl und dunkel aufbewahren.
Die Gurken vor dem Probieren 6–8 Wochen durchziehen lassen.

TIPP • Die Gurken schmecken köstlich zu Pasteten, Terrinen und kaltem Braten. In Scheiben geschnitten, passen sie in einen Kartoffelsalat mit Schalottenvinaigrette.
Sie können den Essig erhitzen, bevor Sie ihn über die Gurken gießen. Allerdings sind die Cornichons dann nicht so wunderbar knackig.

Essiggurken mit Estragon

Rotkohl in gewürztem Essig

Zubereitungszeit: 20 Minuten
plus 15 Minuten am folgenden Tag
Durchziehen lassen: 1 Nacht

1 Rotkohl (etwa 1 kg)
Salz
1 l Rotweinessig
10 schwarze Pfefferkörner
4 Lorbeerblätter
6 Gewürznelken

Den Rotkohl waschen, von den äußeren Blättern befreien und vierteln. Den Strunk herausschneiden und die Blätter in sehr feine Streifen schneiden. Die Kohlstreifen in eine große Schüssel geben und mit Salz bedecken. Kohl und Salz gut mischen, dann über Nacht durchziehen lassen.
Am nächsten Tag den Rotkohl abtropfen lassen und sorgfältig mit einem Tuch abtupfen, um das Salz zu entfernen.
Essig, Pfefferkörner, Lorbeerblätter und Nelken in einen Topf geben. Aufkochen und 3 Minuten sprudelnd kochen lassen. Den Topf vom Herd nehmen.
Den Kohl auf mehrere Einmachgläser verteilen und mit dem Essig aufgießen. Die Gläser fest verschließen und mindestens 2 Wochen an einen kühlen und dunklen Platz stellen, dann erst den Kohl probieren.

TIPP • Der eingelegte Rotkohl schmeckt besonders gut zu Wildbraten oder -gulasch.

Rote Bete in Essig

Zubereitungszeit: 25 Minuten
Garzeit: gut 2 Stunden

500 g Rote Bete (Randen)
Salz
1 Gewürznelke
1 Lorbeerblatt
5 schwarze Pfefferkörner
500 ml Weinessig

Ein Einmachglas in einen Topf mit kochendem Wasser geben und 5–10 Minuten darin sterilisieren, dann herausnehmen und umgedreht auf einem sauberen Küchentuch abtropfen lassen.
Die Roten Beten unter kaltem Wasser gründlich waschen. In einen großen Topf geben und mit Wasser bedecken. Salzen und aufkochen lassen, anschließend bei mittlerer Hitze mindestens 2 Stunden garen. Um festzustellen, ob die Knollen gar sind, mit einem spitzen Messer hineinstechen – sie sollen im Inneren weich sein. Die gegarten Roten Beten aus dem Topf nehmen und abkühlen lassen, schälen und in Scheiben schneiden.
Die Rote-Bete-Scheiben in das vorbereitete Glas geben, Nelke, Lorbeerblatt und Pfefferkörner hinzufügen.
Den Essig in einen Topf gießen und aufkochen, dann 3 Minuten sprudelnd kochen lassen.
Den Topf vom Herd nehmen. Den Essig über die Rote-Bete-Scheiben gießen.
Das Glas fest verschließen, kühl und dunkel aufbewahren. Die Rote Bete vor dem Probieren 2 Wochen durchziehen lassen.

Rote Bete in Essig

Eingelegte Zwiebelchen

Zubereitungszeit: 2 Stunden 30 Minuten

500 g Silberzwiebeln
50 g grobes Salz
600 ml Apfelessig
1 TL Senfkörner
1 TL Koriandersamen
3 Gewürznelken
1/2 Zimtstange
5 schwarze Pfefferkörner

Die Zwiebeln schälen und kalt abbrausen.
Wasser in einem großen Topf zum Kochen bringen, die Zwiebeln hineingeben und 2 Minuten kochen. Anschließend herausnehmen, abtropfen lassen, in eine Schüssel geben und mit dem groben Salz bestreuen. Etwa 2 Stunden ziehen lassen.
Inzwischen den Essig mit Senf, Koriander, Nelken, Zimt und Pfeffer in einen großen Topf geben und aufkochen, dann 3 Minuten sprudelnd kochen lassen. Vom Herd nehmen und abkühlen lassen.
Die Zwiebeln gründlich abspülen, um das Salz zu entfernen. Die Zwiebeln in den Essig geben; alles aufkochen, dann 6 Minuten sprudelnd kochen lassen. Den Topf vom Herd nehmen.
Die Zwiebeln in ein Einmachglas geben und den Essig darübergießen.
Das Glas fest verschließen und kühl und dunkel aufbewahren. Vor dem Probieren mindestens 2 Wochen durchziehen lassen.

Mixed Pickles

Zubereitungszeit: 25 Minuten

100 g Silberzwiebeln
100 g kleine Karotten
100 g Blumenkohlröschen
100 g Babymaiskolben
100 g Cornichons
100 g rote Paprikaschote (Peperoni)
1 TL Salz
600 ml Malzessig
1 TL Senfpulver
1 TL geriebener frischer Ingwer

Ein Einmachglas in einen Topf mit kochendem Wasser geben und 5–10 Minuten darin sterilisieren, dann herausnehmen und umgedreht auf einem sauberen Küchentuch abtropfen lassen.
Die Zwiebeln schälen und kurz kalt abbrausen.
Die Karotten waschen und schälen.
Blumenkohlröschen, Maiskölbchen, Gurken und Paprika waschen und abtropfen lassen. Die Karotten in dünne Scheiben, das Paprikastück in Streifen schneiden.
In einem großen Topf Salzwasser zum Kochen bringen. Zwiebeln, Bohnen und Blumenkohl hineingeben und 2 Minuten kochen, dann abgießen und abtropfen lassen. Das Gemüse in das vorbereitete Glas geben.
Essig, Senfpulver und Ingwer in einen Topf geben und aufkochen, dann 3 Minuten sprudelnd kochen lassen. Den Topf vom Herd nehmen und den Essig durch ein feinmaschiges Sieb über das Gemüse gießen.
Das Glas fest verschließen und kühl und dunkel aufbewahren.
Vor dem Probieren mindestens 2 Wochen durchziehen lassen.

Mixed Pickles

Pfifferlinge in Essig

Zubereitungszeit: 20 Minuten
Einkochzeit: 1 Stunde

1 Schalotte
500 g kleine Pfifferlinge (Eierschwämme)
250 ml Weißweinessig
1 Thymianzweig
je 5 schwarze und weiße Pfefferkörner
1 TL Salz (5 g)

Die Schalotte schälen. Die Pilze sorgfältig putzen. Falls sie sehr schmutzig sind, kalt abbrausen und anschließend mit Küchenpapier trockentupfen. Große Exemplare halbieren.
Die Pilze in ein Einmachglas geben, Schalotte, Thymian, Pfefferkörner und Salz hinzufügen.
Den Essig mit 250 ml Wasser in einen Topf geben und aufkochen, dann 2–3 Minuten sprudelnd kochen lassen. Die Marinade zu den Pilzen gießen. Das Glas fest verschließen, in einen Topf stellen und mit Wasser bedecken. Das Wasser aufkochen, dann 1 Stunde kochen lassen. Das Glas herausnehmen, abkühlen lassen und kühl und dunkel aufbewahren.

TIPP • Diese Pilze schmecken köstlich als Beilage zu Aufschnitt und kaltem Braten.

Gemischte Pilze in Essig

Zubereitungszeit: 20 Minuten
Garzeit: 20 Minuten

500 g gemischte Pilze
250 ml Weißweinessig
250 ml Weißwein
1/2 TL Senfkörner
3 schwarze Pfefferkörner
1 Thymianzweig
30 g Zucker
1 TL Salz (5 g)

Die Pilze sorgfältig putzen. Falls sie sehr schmutzig sind, kurz kalt abbrausen und anschließend mit Küchenpapier trockentupfen. Große Exemplare vierteln.
Die Pilze in einen Topf geben, Weinessig, Wein, 250 ml Wasser, Thymianzweig, Senf- und Pfefferkörner, Zucker und Salz hinzufügen. Aufkochen und etwa 8 Minuten sprudelnd kochen lassen. Anschließend die Pilze herausheben und die Marinade 5 Minuten lang einkochen. Vom Herd nehmen und abkühlen lassen.
Ein Einmachglas in einen Topf mit kochendem Wasser geben und 5–10 Minuten darin sterilisieren, dann herausnehmen und umgedreht auf einem sauberen Küchentuch abtropfen lassen.
Die Pilze in das Glas füllen und die Marinade dazugießen. Das Glas fest verschließen und kühl und dunkel aufbewahren.

TIPP • Diese Pilze passen hervorragend zu Rohschinken.

Gemischte Pilze in Essig

Pausenbrot mit Cornichons

Zum Mitnehmen für die Mittagspause: Ein Stück knuspriges Baguette aufschneiden, mit Butter bestreichen und mit Salami und in Scheiben geschnittenen Essiggurken mit Estragon (siehe Seite 40) belegen. Die Gürkchen gehören außerdem auf jede Aufschnittplatte und schmecken wunderbar zu einer Wildpastete.

Fruchtig-aromatisches Dressing

Ersetzen Sie zur Abwechslung Ihren gewohnten Essig durch einen delikaten Erdbeerbaumfruchtessig (siehe Seite 36). Damit sein Aroma richtig zur Geltung kommt, sollten Sie für die Vinaigrette ein geschmacksneutrales Öl, beispielsweise Sonnenblumenöl, verwenden.

Fleischterrine mit Kirschen

Kirschen in Essig (siehe Seite 40) schmecken herrlich süßsauer und sind unvergleichlich knackig. Bereichern Sie damit Aufschnittplatten, oder servieren Sie die Kirschen zu einer selbst gemachten Fleischterrine.

Pilzspießchen zum Aperitif

Reichen Sie als Überraschung zu Drinks einmal auf Spießchen gesteckte Pilze in Essig (siehe Seite 46). Außerdem passen die Pilze sehr gut zu Wildpasteten und -terrinen.

Roastbeef mit Zwiebelchen

Ist noch etwas Roastbeef vom Vortag übrig? Dann sollten Sie jetzt Ihre Silberzwiebeln in Essig (siehe Seite 40) aus dem Keller holen!

Spiegeleier mit Erdbeerbaumfruchtessig

Für 1 Portion
Zubereitungszeit: 10 Minuten

1 Stückchen Butter
1/2 TL Sonnenblumenöl
1–2 Eier
Erdbeerbaumfruchtessig (siehe Seite 36)
Salz
schwarzer Pfeffer aus der Mühle

Die Butter in einer kleinen beschichteten Pfanne zerlassen, das Öl dazugeben. Heiß werden lassen, dann das Ei oder die Eier in die Pfanne schlagen. Bei schwacher Hitze einige Minuten braten – das Eiweiß soll gestockt, das Eigelb noch flüssig sein. Salzen, pfeffern und auf einen Teller geben. Mit Essig beträufeln und servieren.

TIPP • Reichen Sie hierzu knuspriges Bauernbrot oder frisches Baguette.

Spiegeleier mit Erdbeerbaumfruchtessig

Estragon-Schalotten-Vinaigrette

1 TL Dijonsenf
1 EL Estragonessig (siehe Seite 34)
Salz
3 EL Sonnenblumenöl
1 Schalotte, fein gewürfelt
schwarzer Pfeffer aus der Mühle

Senf und Essig in eine kleine Schüssel geben, Salz hinzufügen und alles mit einer Gabel oder einem kleinen Schneebesen kräftig verrühren. Unter ständigem Schlagen nach und nach das Öl hinzufügen, damit das Dressing schön cremig wird. Die Schalottenwürfel unterrühren und das Dressing mit Pfeffer abschmecken, sofort weiterverwenden.

TIPP • Diese Vinaigrette ist eine wahre Bereicherung für jeden Kartoffelsalat.

Knoblauch-Rosmarin-Vinaigrette

1 EL Rosmarinessig (siehe Seite 34)
Salz
3 EL Knoblauchöl (siehe Seite 12)
schwarzer Pfeffer aus der Mühle

Essig in eine kleine Schüssel geben, Salz hinzufügen und beides mit einer Gabel oder einem kleinen Schneebesen verrühren. Unter ständigem Schlagen nach und nach das Öl hinzufügen, damit das Dressing schön cremig wird. Das Dressing mit Pfeffer abschmecken und sofort weiterverwenden.

TIPP • Passt gut an einen grünen Salat mit gewürfeltem kaltem Kaninchenfleisch.

Curryvinaigrette

1 EL Essig
2 TL Currypulver
Salz
3 EL Knoblauchöl (siehe Seite 12)
schwarzer Pfeffer aus der Mühle

Essig und Currypulver in eine kleine Schüssel geben, Salz hinzufügen und alles mit einer Gabel oder einem kleinen Schneebesen kräftig verrühren. Unter ständigem Schlagen nach und nach das Öl hinzufügen, damit das Dressing schön cremig wird. Das Dressing mit Pfeffer abschmecken und sofort weiterverwenden.

TIPP • Die Curryvinaigrette schmeckt hervorragend an einem Rote-Bete- oder an einem Kartoffelsalat, aber auch zu gedämpftem Lauch.

Curryvinaigrette

Entenbrust mit Honigessig

Für 4 Portionen
Zubereitungszeit: 20 Minuten

2 schöne Entenbrustfilets
Salz
schwarzer Pfeffer aus der Mühle
1 EL Honigessig (siehe Seite 36)

Die Entenbrustfilets auf den Hautseiten mit einem spitzen Messer rautenförmig einschneiden.
Die Fleischseiten salzen und großzügig mit Pfeffer würzen.
Eine Pfanne heiß werden lassen und die Filets mit den Hautseiten nach unten hineinlegen.
Das Fleisch etwa 10 Minuten braten. Die Entenbrustfilets wenden und weitere 3 Minuten braten. Aus der Pfanne nehmen und warm stellen.
Das Fett abgießen und den Honigessig in die Pfanne geben. Den Bratsatz mit einem Holzkochlöffel vom Pfannenboden lösen.
Die Entenbrustfilets in Scheiben schneiden, mit der Sauce begießen und sofort servieren.

TIPP • Lassen Sie sich bei der Auswahl der Gemüsebeilage von Angebot und Saison inspirieren.

In Essig eingelegte Gemüsespieße

Zubereitungszeit: 2-mal 20 Minuten
Durchziehen lassen: 1 Nacht

250 g rote Paprikaschoten (Peperoni)
250 g Cornichons (Einlegegurken)
Salz
250 g Silberzwiebeln
250 g eingelegte grüne Oliven, entsteint
2 eingelegte Chilischoten, in Stücke geschnitten
1 l Weißweinessig
10 schwarze Pfefferkörner

Die Paprikaschoten halbieren, putzen und waschen. Die Gurken waschen und kräftig mit einem Küchentuch abreiben, um den Flaum zu entfernen, dann von den Stielen befreien.
Die Gurken in eine große Schüssel geben und mit einer dünnen Schicht Salz bedecken. Die Paprikahälften darauflegen und ebenfalls mit einer dünnen Salzschicht bedecken. Über Nacht ziehen lassen.
Am nächsten Tag die Paprikahälften abwischen, um das Salz zu entfernen; die Paprikahälften in kleine Stücke zum Aufspießen schneiden. Die Gurken ebenfalls vom Salz befreien.
Die Silberzwiebeln schälen und kalt abbrausen.
Wasser in einem Topf zum Kochen bringen. Die Zwiebeln hineingeben und 1 Minute kochen, dann abgießen und abtropfen lassen.
Oliven, Paprika, Zwiebeln, Gurken und Chilischoten abwechselnd auf kleine Holzspieße stecken.
Die Spieße aufrecht in Einmachgläser stellen, den Essig und die Pfefferkörner hinzufügen. Die Gläser fest verschließen und dunkel aufbewahren.
Das Ganze vor dem Probieren etwa 3 Wochen durchziehen lassen.

TIPP • Falls Sie in Essig eingelegte Pilze (siehe Seite 46) im Vorrat haben, können Sie auch diese mit auf die Spieße stecken. Reichen Sie die Spießchen zum Aperitif oder zu Aufschnitt und kaltem Braten.

In Essig eingelegte Gemüsespieße

Süßsauer eingelegt

Gurken süßsauer

Zubereitungszeit: 15 Minuten
Einkochzeit: 30 Minuten

500 g Cornichons (Einlegegurken)
1/2 Karotte, in Scheiben geschnitten
1 Silberzwiebel, in Ringe geschnitten
einige Dillspitzen
5 Koriandersamen
5 schwarze Pfefferkörner
100 ml Weißweinessig
10 g Salz
20 g Zucker

Ein Einmachglas in einen Topf mit kochendem Wasser geben und 5–10 Minuten darin sterilisieren, dann herausnehmen und umgedreht auf einem sauberen Küchentuch abtropfen lassen.
Die Gurken waschen und kräftig mit einem Tuch abreiben, um den Flaum zu entfernen, dann von den Stielen befreien.
Karotten- und Zwiebelscheiben, Dill, Koriander und Pfefferkörner mit den Gurken in das Einmachglas füllen.
Essig, 400 ml Wasser, Salz und Zucker in einen Topf geben. Aufkochen lassen, dann sofort vom Herd nehmen. Den Sud lauwarm über die Gurken gießen. Das Glas fest verschließen, in einen Topf stellen und mit Wasser bedecken. Das Wasser aufkochen, dann 30 Minuten kochen lassen. Das Glas herausnehmen, abkühlen lassen und kühl und dunkel aufbewahren. Etwa 1 Monat durchziehen lassen, dann erst die Gurken probieren.

Zwiebelkonfitüre

Zubereitungszeit: 10 Minuten
Garzeit: 45 Minuten

500 g Zwiebeln
1 Glas Grenadinesirup
1 Glas Rotwein
1/2 Glas Weinessig
100 g Zucker
Salz
Pfeffer

Die Zwiebeln schälen und fein würfeln. In eine beschichtete Pfanne geben und zugedeckt bei schwacher Hitze etwa 10 Minuten garen.
Essig und Rotwein dazugeben und die Flüssigkeit bei starker Hitze offen in etwa 5 Minuten einkochen lassen.
Zucker, Grenadinesirup, Salz und Pfeffer hinzufügen. Alles gut verrühren und dann bei sehr schwacher Hitze etwa 30 Minuten köcheln lassen, bis die Masse eingedickt ist.
Den Topf vom Herd nehmen. Die Konfitüre etwas abkühlen lassen, noch warm in ein sterilisiertes Einmachglas füllen.

TIPP • Servieren Sie die Zwiebelkonfitüre zu kaltem Braten oder einer Ententerrine.

Zwiebelkonfitüre

Mostarda – Senffrüchte

Zubereitungszeit: 35 Minuten
Durchziehen lassen: über Nacht

4 feste Birnen
4 Äpfel
4 feste Pflaumen
etwa 12 helle Weintrauben
750 ml Weißwein
500 g Honig
30 g Senfpulver
250 g Zucker

Die Birnen und die Äpfel schälen, von den Kerngehäusen befreien und in Stücke schneiden.
1 l Wasser mit dem Zucker in einen großen Topf geben und aufkochen. Birnen- und Apfelstücke hineingeben und alles bei schwacher Hitze etwa 10 Minuten köcheln lassen. Pflaumen und Weintrauben hinzufügen und alles weitere 5 Minuten köcheln lassen. Den Topf vom Herd nehmen und die Früchte über Nacht durchziehen lassen.
Am nächsten Tag die Mischung erneut aufkochen, dann das Obst herausheben, abtropfen lassen und auf Einmachgläser verteilen.
Weißwein, Honig und Senfpulver in einen zweiten Topf geben und aufkochen. Diese Mischung über das Obst gießen und die Gläser fest verschließen.

TIPP • Die Senffrüchte halten sich einige Wochen. Sie passen gut zu gekochtem oder gebratenem Fleisch.

Apfel-Rosinen-Chutney

Für 3 Gläser, je 250 ml Inhalt
Zubereitungszeit: 10 Minuten
Durchziehen lassen: 1 Stunde
Garzeit: 2 Stunden 30 Minuten

450 g Äpfel
1 große Zwiebel, fein gewürfelt
200 g Rosinen
200 g brauner Zucker
1/2 TL Salz
1 TL geriebener frischer Ingwer
300 ml Apfelessig

Die Äpfel schälen, vierteln, von den Kerngehäusen befreien und in dünne Scheiben schneiden.
Die Scheiben in eine Schüssel geben und Zwiebelwürfel, Rosinen, Zucker, Salz, Ingwer und Essig hinzufügen. Alles gut mischen, dann 1 Stunde durchziehen lassen.
Die Apfelmischung in einen Topf schütten und unter ständigem Rühren zum Kochen bringen. Das Ganze anschließend bei schwacher Hitze 2 1/2 Stunden köcheln lassen, bis die Apfelmischung eingedickt ist. Gelegentlich umrühren, damit nichts anbrennt.
Die Gläser in einen Topf mit kochendem Wasser geben und 5–10 Minuten darin sterilisieren, anschließend herausnehmen und umgedreht auf einem sauberen Küchentuch abtropfen lassen.
Das Chutney 20 Minuten abkühlen lassen, dann in die vorbereiteten Gläser füllen. Die Gläser fest verschließen und auf die Deckel stellen.

TIPP • Sie können das Chutney sofort verwenden, doch nach etwa 2 Wochen schmeckt es am besten. Nach dem Öffnen des Glases das Chutney im Kühlschrank aufbewahren.

Mangochutney

Für 2 Gläser, je 250 ml Inhalt
zubereitungszeit: 15 Minuten
Durchziehen lassen: 2 Stunden 20 Minuten
Garzeit: 2 Stunden 30 Minuten

3 Mangos
200 g brauner Zucker
1 Prise gemahlene Kurkuma
1 TL gemahlener Zimt
1 TL geriebener frischer Ingwer
400 ml Malz- oder Weißweinessig
2 Knoblauchzehen, gehackt
1 große Zwiebel, fein gewürfelt
1/2 TL Salz

Die Mangos schälen und wie auf Seite 6 beschrieben von den Steinen befreien und würfeln.
Die Mangowürfel in eine Schüssel geben; Zucker, Kurkuma, Zimt und Ingwer hinzufügen. Alles gut verrühren, dann etwa 2 Stunden durchziehen lassen.
Die Mangomischung in einen Topf schütten und Essig, Knoblauch, Zwiebelwürfel und Salz dazugeben. Gut verrühren und unter ständigem Rühren zum Kochen bringen. Dann bei schwacher Hitze 2 1/2 Stunden köcheln lassen, bis sie eingedickt ist. Gelegentlich umrühren, damit nichts anbrennt.
Die Gläser in einen Topf mit kochendem Wasser geben und 5–10 Minuten darin sterilisieren, anschließend herausnehmen und umgedreht auf einem sauberen Küchentuch abtropfen lassen.
Das Chutney 20 Minuten abkühlen lassen, dann in die vorbereiteten Gläser füllen. Die Gläser fest verschließen und auf die Deckel stellen.

TIPP • Sie können das Chutney sofort verwenden, doch nach etwa 2 Wochen schmeckt es am besten. Nach dem Öffnen des Glases hält sich das Chutney im Kühlschrank ohne Weiteres 2 Wochen.

Mangochutney

Orangen-Dattel-Chutney

Für 3 Gläser, je 250 ml Inhalt
Zubereitungszeit: 10 Minuten
Durchziehen lassen: 20 Minuten
Garzeit: 2 Stunden 30 Minuten

350 g Äpfel
150 g Orangen, geschält und filetiert
200 g Datteln
200 g brauner Zucker
1/2 TL Salz
2 TL geriebener frischer Ingwer
300 ml Malz- oder Weißweinessig

Die Äpfel schälen, vierteln, von den Kerngehäusen befreien und in dünne Scheiben schneiden.
Die Orangenfilets in kleine Stücke schneiden. Die Datteln von den Kernen befreien und würfeln.
Apfelscheiben, Orangenstücke und Dattelwürfel in einen großen Topf geben; Zucker, Salz, Ingwer und Essig hinzufügen. Die Mischung unter ständigem Rühren zum Kochen bringen, anschließend bei schwacher Hitze 2 1/2 Stunden köcheln lassen, bis das Chutney eingedickt ist. Gelegentlich umrühren, damit nichts anbrennt.
Die Gläser in einen Topf mit kochendem Wasser geben und 5–10 Minuten darin sterilisieren, dann herausnehmen und umgedreht auf einem sauberen Küchentuch abtropfen lassen.
Das Chutney 20 Minuten abkühlen lassen, dann in die vorbereiteten Gläser füllen. Die Gläser fest verschließen und auf den Deckel stellen.

TIPP • Sie können das Chutney sofort verwenden, doch nach 2 Wochen schmeckt es am besten. Nach dem Öffnen des Glases das Chutney im Kühlschrank aufbewahren.

Orangen-Dattel-Chutney

Gekochtes Rindfleisch mit Mostarda

Kalte Reste von gekochtem Rindfleisch oder einem Rinderschmorbraten in Stücke schneiden und mit Mostarda (siehe Seite 60) als Vorspeise servieren. Die Senffrüchte machen aus langweiligen Fleischresten ein köstliches kleines Gericht.

Zwiebelkonfitüre

Die Zwiebelkonfitüre (siehe Seite 58) passt sehr gut zu Aufschnitt und kaltem Braten, besonders gut zu Wildterrinen, vor allem zu einer Wildschweinterrine. Sie können die pikante Konfitüre aber auch zu Entenbrustfilet oder zu Käse servieren.

Reis mit Apfel-Rosinen-Chutney

Basmatireis nach Packungsanleitung garen. Mit Pfeffer abschmecken und lauwarm mit Apfel-Rosinen-Chutney (siehe Seite 62) servieren. Nach Belieben mit Mangoscheiben garnieren.

Schweinebraten einmal anders

Einen Schweinerollbraten in einem Topf mit einer Mischung aus Milch, Wasser, Salz, Pfeffer, 4 Knoblauchzehen und 1 Thymianzweig bedecken. Zudecken, aufkochen und 1 1/4 Stunden pro Kilogramm garen. Das Fleisch herausnehmen, abtropfen und abkühlen lassen. Kalt in Scheiben schneiden und mit Orangen-Dattel-Chutney (siehe Seite 64) servieren.

Süßsaure Pilze mit Rohschinken

Servieren Sie die süßsauer eingelegten Pilze (siehe Seite 46) einmal mit in Scheiben geschnittenem Rohschinken als Vorspeise. Auch aus anderem Schinken, Terrinen und Pasteten machen die Pilze etwas ganz Besonderes.

Putenbrust mit Mangochutney

Ein Putenbrustfilet in Scheiben schneiden und diese grillen oder braten. Mit Mangochutney (siehe Seite 62) servieren. Putenbruststreifen und Mangochutney ergeben übrigens auch einen köstlichen Sandwichbelag.

Ententerrine mit Haselnüssen

Ententerrine mit Haselnüssen

Zubereitungszeit: 30 Minuten
Garzeit: 2 Stunden 30 Minuten
Durchziehen und ruhen lassen: 1 1/2 Tage

100 g Geflügelleber
1 Glas Weinbrand
850 g Entenbrustfilet, in große Würfel geschnitten
220 g Schweinebauch
100 g Bratwurstbrät
1 Knoblauchzehe, fein gehackt
3 Schalotten, fein gewürfelt
2 EL gehackte Petersilie
Salz
weißer Pfeffer aus der Mühle
Pastetengewürz
200 g Haselnüsse, die Hälfte grob gehackt
3 Eier
200 g fetter Speck, in Scheiben geschnitten
2 Lorbeerblätter
1 Thymianzweig

Sie benötigen eine ofenfeste Terrinenform, etwa 25 cm lang.
Die Geflügellebern in eine tiefe Schale geben und mit Weinbrand begießen. Zudecken und über Nacht durchziehen lassen.
Am nächsten Tag die Entenbrust, den Schweinebauch, die Geflügellebern und das Bratwurstbrät durch die grobe Scheibe des Fleischwolfs drehen. Das durchgedrehte Fleisch mit Knoblauch, Schalottenwürfeln und Petersilie in eine große Schüssel geben. Salzen, pfeffern und großzügig mit Pastetengewürz würzen, dann Nüsse und Eier dazugeben und alles gut mischen.
Den Backofen auf 160 °C vorheizen.
Den Boden der Form mit fettem Speck auslegen, die Fleischfarce darauf streichen. Gut andrücken, dann mit dem restlichen fetten Speck abdecken, mit Lorbeer und Thymian garnieren.
Ein Backblech zu zwei Drittel mit heißem Wasser füllen. Die Terrinenform hineinsetzen und das Ganze in den Backofen schieben. Die Terrine etwa 2 1/2 Stunden garen, dann die Form aus dem Ofen nehmen und die Terrine 1–2 Stunden bei Raumtemperatur ruhen lassen.
Ein Brett auf die Terrine legen und mit einem Gewicht beschweren. Die Terrine für 12 Stunden in den Kühlschrank stellen.

TIPP • Hierzu passt hervorragend die Zwiebelkonfitüre von Seite 58.

Haltbarmachen mit Salz

Grüne Oliven

Salzzitronen

Grüne Oliven

Zubereitungszeit: 50 Minuten

500 g grüne Oliven
feines Salz

Die Oliven waschen und abtropfen lassen. Mehrere Gläser in einen Topf mit kochendem Wasser geben und 5–10 Minuten darin sterilisieren, dann herausnehmen und umgedreht auf einem sauberen Küchentuch abtropfen lassen.
Die Oliven auf die Gläser verteilen und mit kaltem Wasser bedecken. Dieses Wasser wieder aus den Gläsern in einen Messbecher schütten und pro Liter Wasser 100 g Salz hinzufügen.
Das Salzwasser in einen Topf gießen. Aufkochen und 5 Minuten sprudelnd kochen lassen, dann vom Herd nehmen und abkühlen lassen. Die Salzlake über die Oliven gießen – sie müssen vollständig davon bedeckt sein.
Die Oliven vor dem Probieren etwa 4 Wochen durchziehen lassen.

TIPP • Für extra Würze sorgen eine geschälte Knoblauchzehe oder ein paar Fenchelzweige, die Sie zu den Oliven geben können.

Salzzitronen

Zubereitungszeit: 10 Minuten

Etwa 10 unbehandelte Zitronen
feines Salz
1 EL grobes Salz

Die Zitronen waschen und abbürsten. In eine Schüssel geben und mit kaltem Wasser bedecken. 6 Tage lang ruhen lassen, dabei das Wasser täglich wechseln.
Anschließend die Schale jeder Zitrone 4-mal längs tief einritzen, ohne dabei das Fruchtfleisch zu verletzen. In jeden Einschnitt eine gute Prise Salz streuen.
Ein Glas in einen Topf mit kochendem Wasser geben und 5–10 Minuten darin sterilisieren, dann herausnehmen und umgedreht auf einem sauberen Küchentuch abtropfen lassen.
Die Zitronen dicht an dicht in das Glas geben und das grobe Salz daraufstreuen. Das Glas fest verschließen und die Zitronen vor dem Probieren 1 Monat durchziehen lassen. Sie halten sich aber sehr viel länger.

TIPP • Die Salzzitronen können Sie in Stücke schneiden und mit Oliven und gerösteten Pistazien zum Aperitif reichen. Köstlich sind sie auch in Scheiben geschnitten und in einer Tajine (siehe Seite 78) mitgeschmort.

Eingesalzene Kapern

Zubereitungszeit: 45 Minuten
Durchziehen lassen: 24 Stunden

300 g Kapern
300 g grobes Salz
5 schwarze Pfefferkörner

Die Kapern kalt abbrausen und anschließend abtropfen lassen. In eine Schüssel geben und mit Salz bedecken. Gut mischen, bis alle Kapern von Salz überzogen sind. Bis zum nächsten Tag durchziehen lassen.
Das Glas in einen Topf mit kochendem Wasser geben und 5–10 Minuten darin sterilisieren, dann herausnehmen und umgedreht auf einem sauberen Küchentuch abtropfen lassen. Eine dünne Schicht grobes Salz auf den Boden des Glases streuen und die Kapern daraufgeben. Die Pfefferkörner hinzufügen. Das Glas fest verschließen, kühl und dunkel aufbewahren.

TIPP • Die Kapern nach Bedarf entnehmen und vor der Weiterverwendung kalt abspülen. Sie passen zu Pizza, Kalbsragout, Hühnerfrikassee, Nudelsalat und Kapernsauce. Nach dem Öffnen des Glases die Kapern im Kühlschrank aufbewahren.

Eingesalzene Kapern

Olivenbrot

250 g Brotteig mit 2 Esslöffeln Olivenöl und 50 g in Scheiben geschnittenen, entsteinten grünen Oliven (siehe Seite 74) verkneten. Den Teig zu Fladen formen und diese bei 180 °C etwa 25 Minuten backen.

Kartoffeln mit Sardellen

Die Kartoffeln ungeschält in Salzwasser mit Thymian und Lorbeer garen. Anschließend schälen, halbieren und etwas aushöhlen. Mit eingesalzenen oder in Öl eingelegten Sardellen (siehe Seite 18) und Schnittlauchröllchen garnieren.

Sardinenrillettes mit eingesalzenen Kapern

Wunderbar zum Sommeraperitif: Rund ausgestochene Brotscheiben mit abgespülten und trockengetupften eingesalzenen Kapern (siehe Seite 74) belegen. Sardinen pürieren und die Masse auf die Kapern streichen. Mit Kapern und glatter Petersilie garnieren.

Kaltes Fleisch mit Salzkraut

Kalte Reste von gekochtem oder gebratenem Fleisch klein schneiden und mit einigen pürierten entsteinten grünen Oliven (siehe Seite 74) mischen. Auf Baguette anrichten und mit Schnittlauchröllchen garnieren. Köstlich dazu schmeckt gedünstetes Salzkraut (Queller).

Hühner-Tajine mit Salzzitronen

Für 4–6 Portionen
Vorbereitungszeit: 15 Minuten
Garzeit: 2 Stunden

Salz
1 Salzzitrone (siehe Seite 74)
Öl
1 küchenfertiges Huhn, in Stücke geteilt
2 Zwiebeln, gewürfelt
1/2 EL gemahlener Zimt
2 EL Honig
250 g Hühnerbrühe
2 EL Tomatencoulis (siehe Seite 96), ersatzweise 4 EL Tomatenpüree
schwarzer Pfeffer aus der Mühle

Für dieses Gericht benötigen Sie eine Tajine (einen marokkanischen Schmortopf) oder einen ofenfesten Schmortopf mit Deckel.
In einem Topf Salzwasser zum Kochen bringen. Die Salzzitrone hineingeben und etwa 10 Minuten köcheln lassen. Anschließend herausnehmen, gut abtropfen lassen und in Scheiben schneiden.
1 Esslöffel Öl im Schmortopf erhitzen. Die Geflügelteile hineingeben und rundum anbraten, dann herausnehmen und warm stellen.
Die Zwiebelwürfel in den Topf geben und im verbliebenen Öl anbräunen. Die angebratenen Geflügelteile hinzufügen, salzen und mit Zimt würzen. Den Honig dazugeben und alles kurz verrühren. Brühe und Tomatencoulis oder -püree zugeben und den Topf verschließen.
Den Backofen auf 120 °C vorheizen. Das Gericht im heißen Ofen 1 1/2 Stunden schmoren lassen, dann die Zitronenscheiben hineingeben. Das Ganze weitere 20 Minuten sanft schmoren lassen, bis das Fleisch durchgegart ist. Abschmecken und heiß servieren.

Hühner-Tajine mit Salzzitronen

Kleine Gerichte

Entenconfit

Zubereitungszeit: 15 Minuten
Durchziehen lassen: 24 Stunden
Gar- und Einkochzeit: 2 Stunden 45 Minuten

1 küchenfertige Ente, in Stücke zerteilt
Thymian
Lorbeer
grobes Salz
schwarzer Pfeffer aus der Mühle

Die Entenstücke mit Thymian, Lorbeer und Salz (etwa 20 g pro 500 g Ente) in eine große Schüssel geben.
Am nächsten Tag die Entenstücke herausnehmen und sorgfältig trockentupfen.
Das Entenfett abschneiden und in einem Topf zerlassen. Die Entenstücke hineingeben und bei schwacher Hitze etwa 45 Minuten garen.
Die Entenstücke in sterilisierte Gläser geben und mit dem Fett bedecken. Die Gläser fest verschließen, in einen großen Topf mit kochendem Wasser stellen und etwa 2 Stunden darin sterilisieren.
Wer einen Dampf-Druckgarer besitzt, kann die Gläser darin sterilisieren: Die Gläser fest verschließen und für 1 Stunde bei 120 °C hineinstellen.
Das Confit schmeckt am besten, nachdem es 2–3 Monate durchziehen konnte.

Entenconfit

Ratatouille

Zubereitungszeit: 30 Minuten
Gar- und Einkochzeit: 2 Stunden

750 g Tomaten
einige Thymianzweige
1 Hand voll Basilikumblätter
Olivenöl
5 kleine Knoblauchzehen, gehackt
500 g Zwiebeln, gewürfelt
500 g Auberginen, in Scheiben geschnitten
Salz
500 g Zucchini, in Scheiben geschnitten
500 g Paprikaschoten (Peperoni), in feine Streifen geschnitten
schwarzer Pfeffer aus der Mühle

Zuerst einige Einmachgläser vorbereiten: Die Gläser in einen Topf mit kochendem Wasser geben und 5–10 Minuten darin sterilisieren, dann herausnehmen und umgedreht auf einem sauberen Küchentuch abtropfen lassen.
Wasser zum Kochen bringen und die Tomaten darin 3 Minuten ziehen lassen. Anschließend die Tomaten aus dem Wasser nehmen, abtropfen lassen, sofort kalt abschrecken, häuten, halbieren und entkernen. Die Kräuter waschen und mit Küchenpapier trockentupfen.
2 Esslöffel Olivenöl in einem großen Topf erhitzen. Knoblauch, Zwiebeln, Thymian, Basilikum und Tomaten hineingeben und 15 Minuten bei sehr schwacher Hitze offen köcheln lassen.
In einer großen Pfanne 1 Esslöffel Olivenöl heiß werden lassen. Die Auberginenscheiben hineingeben und unter häufigem Rühren anbraten, anschließend leicht salzen und herausnehmen. Die Zucchinischeiben in die Pfanne geben und bei mittlerer Hitze etwa 10 Minuten garen. Salzen und herausnehmen.
Die Paprikastreifen in die Pfanne geben und ebenfalls 10 Minuten garen, dann salzen.
Das gesamte Gemüse in die Tomatensauce geben und alles großzügig pfeffern. Bei schwacher Hitze etwa 35 Minuten garen.
Die Ratatouille bis 2–3 cm unter dem Rand in die vorbereiteten Gläser füllen. Die Gläser fest verschließen, in einen großen Topf mit kochendem Wasser stellen – sie sollen vom Wasser bedeckt sein – und 45 Minuten darin sterilisieren.
Die Gläser im Wasser abkühlen lassen, dann herausnehmen, kühl und dunkel aufbewahren.

Ratatouille

Cassoulet

Zubereitungszeit: 30 Minuten
Gar- und Einkochzeit: 2 Stunden 45 Minuten

600 g getrocknete weiße Bohnenkerne
1 großes Kräutersträußchen (Petersilie, Thymian und andere frische Kräuter)
125 g nicht zu salziger durchwachsener Speck
1 Knoblauchwurst
3 Stücke eingemachtes Entenfleisch (Entenconfit, siehe Seite 82)
400 g Lammschulter, in große Würfel geschnitten
1 EL Entenfett
2 Zwiebeln, gewürfelt
4 Knoblauchzehen, geschält und zerdrückt
6 Tomaten, gehäutet, entkernt und in Stücke geschnitten
Salz
schwarzer Pfeffer aus der Mühle

Die Bohnen in eine große Schüssel geben, mit Wasser bedecken und über Nacht einweichen. Am nächsten Tag abgießen, in einen großen Topf geben und mit Wasser bedecken. Die Kräuter und den Speck hinzufügen. Alles aufkochen und 30 Minuten kochen lassen. Die Knoblauchwurst dazugeben und alles zusammen weitere 20 Minuten garen.
In einem Topf erst die Entenstücke, dann die Fleischwürfel im Entenfett anbraten. Zwiebelwürfel, Knoblauch und Tomaten sowie etwas Wasser hinzufügen, alles etwa 15 Minuten garen. Bohnen und Fleisch in sterilisierte Gläser füllen und die Gläser fest verschließen. Die Gläser in einen großen Topf mit kochendem Wasser stellen – sie sollen von Wasser bedeckt sein – und etwa 30 Minuten darin sterilisieren.
Wer einen Dampf-Druckgarer besitzt, kann die Gläser darin sterilisieren: Die Gläser fest verschließen und für 1 Stunde bei 120 °C hineinstellen.

TIPP • Das Cassoulet vor dem Servieren mit Semmelbröseln bestreuen und im Ofen erwärmen. Dazu schmeckt grobe Bratwurst.

Geschmorte Auberginen

Für 1 Glas, 1 l Inhalt
Zubereitungszeit: 20 Minuten
Gar- und Einkochzeit: 2 Stunden 45 Minuten

2 Auberginen
10 vollreife Tomaten
Olivenöl
2 Knoblauchzehen, grob gehackt
2 Zwiebeln, grob gewürfelt
1 Bund Petersilie, gehackt
Salz
1 Prise Zucker
2 TL Kräuter der Provence
2 Lorbeerblätter

Zuerst das Einmachglas vorbereiten: Das Glas in einen Topf mit kochendem Wasser geben und darin 5–10 Minuten sterilisieren, dann herausnehmen und umgedreht auf einem sauberen Küchentuch abtropfen lassen.
Die Auberginen waschen und in dicke Scheiben schneiden. Die Tomaten häuten.
2 Esslöffel Olivenöl in einem Schmortopf erhitzen. Knoblauch, Zwiebeln, Petersilie und Tomaten mit etwas Salz, Zucker und den Kräutern der Provence hineingeben und andünsten. Auberginen und Lorbeerblätter hinzufügen und das Ganze zur Hälfte mit Wasser aufgießen. Bei schwacher Hitze zugedeckt etwa 1 1/2 Stunden schmoren, bis das Gemüse eingekocht ist.
Das Glas bis 2–3 cm unter dem Rand mit den geschmorten Auberginen füllen und fest verschließen. In einen großen Topf mit kochendem Wasser stellen und 1 Stunde darin sterilisieren, dann das Glas im Wasser abkühlen lassen.
Am nächsten Tag noch einmal aufkochen und 30 Minuten kochen, anschließend abkühlen lassen. Kühl und dunkel aufbewahren.

Pur eingekocht

Erbsen und Karotten

Zubereitungszeit: 15 Minuten
Gar- und Einkochzeit: 1 Stunde 15 Minuten

300 g junge Karotten
Salz
700 g Erbsen
Zucker

Einige Einmachgläser in einen großen Topf mit kochendem Wasser geben und 10 Minuten darin sterilisieren, dann herausnehmen und umgedreht auf einem sauberen Tuch abtropfen lassen.
Die Karotten schälen, waschen, trockenreiben und je nach Größe in Stücke schneiden. In einem Topf reichlich Salzwasser zum Kochen bringen. Die Erbsen hineingeben und 3 Minuten kochen lassen; in ein Sieb schütten, kalt abschrecken und abtropfen lassen.
Die Erbsen in die Gläser geben und die Karotten darüberfüllen. Bis 2–3 cm unter dem Rand mit Salzwasser (1 TL (5 g) Salz pro Liter plus 1 Prise Zucker pro Glas) aufgießen. Die Gläser fest verschließen, in einen großen Topf mit kochendem Wasser stellen – sie sollen vom Wasser bedeckt sein – und 1 Stunde sterilisieren. Die Gläser im Wasser abkühlen lassen, dann herausnehmen; kühl und dunkel aufbewahren.

Spargel

Zubereitungszeit: 15 Minuten
Gar- und Einkochzeit: 1 Stunde 30 Minuten

800 g kurze, gleich lange Spargelstangen
Salz

Einige Einmachgläser in einen großen Topf mit kochendem Wasser geben und 10 Minuten darin sterilisieren, dann herausnehmen und umgedreht auf einem sauberen Tuch abtropfen lassen.
Den Spargel putzen, schälen und waschen. Abtropfen lassen und je 10 Stangen mit Küchengarn zusammenbinden.
In einem großen Topf reichlich Salzwasser zum Kochen bringen. Die Spargelbündel 3 Minuten darin kochen lassen, dann herausheben und kalt abschrecken.
Die Spargelstangen mit den Köpfen nach oben in die Gläser geben. Bis 2–3 cm unter dem Rand mit Salzwasser (1 TL (5 g) Salz pro Liter) auffüllen. Die Gläser fest verschließen, in einen großen Topf mit kochendem Wasser stellen – sie sollen vom Wasser bedeckt sein – und 1 Stunde sterilisieren. Die Gläser im Wasser abkühlen lassen.
Am nächsten Tag das Wasser erneut aufkochen und die Gläser noch einmal 30 Minuten sterilisieren. Vor dem Herausnehmen im Wasser abkühlen lassen; kühl und dunkel aufbewahren.

Grüne Bohnen

Zubereitungszeit: 15 Minuten
Gar- und Einkochzeit: 1 Stunde 20 Minuten

700 g grüne Bohnen
Salz

Einige Einmachgläser in einen großen Topf mit kochendem Wasser geben und 10 Minuten darin sterilisieren, dann herausnehmen und umgedreht auf einem sauberen Tuch abtropfen lassen.
Die Bohnen entfädeln, putzen, waschen und abtropfen lassen. In einem großen Topf reichlich Salzwasser aufkochen und die Bohnen 3 Minuten darin kochen lassen. Anschließend in ein Sieb abgießen und kalt abschrecken.
Die Bohnen in die Gläser geben. Bis 2–3 cm unter dem Rand mit Salzwasser (1 TL (5 g) Salz pro Liter) aufgießen. Die Gläser fest verschließen, in einen großen Topf mit kochendem Wasser stellen – sie sollen vom Wasser völlig bedeckt sein – und 1 1/4 Stunde sterilisieren. Die Gläser im Wasser abkühlen lassen, dann herausnehmen; kühl und dunkel aufbewahren.

Stielmangold

Zubereitungszeit: 15 Minuten
Gar- und Einkochzeit: 1 Stunde 20 Minuten

800 g Stielmangold, vorzugsweise mit gelben Stielen und Blattadern
Salz

Einige Einmachgläser in einen großen Topf mit kochendem Wasser geben und 10 Minuten darin sterilisieren, dann herausnehmen und umgedreht auf einem sauberen Tuch abtropfen lassen.
Vom Mangold das Grün abschneiden und anderweitig verwenden. Die Stiele von den Fäden befreien, waschen und abtropfen lassen. In einem großen Topf reichlich Salzwasser zum Kochen geben und die Mangoldstiele 3 Minuten darin kochen lassen. Anschließend in ein Sieb abgießen und kalt abschrecken.
Die Mangoldstiele gleichmäßig auf die Gläser verteilen. Bis 2–3 cm unter dem Rand mit Salzwasser (1 TL (5 g) Salz pro Liter) aufgießen. Die Gläser fest verschließen, in einen großen Topf mit kochendem Wasser stellen – sie sollen vom Wasser bedeckt sein – und 1 1/4 Stunde sterilisieren.
Die Gläser im Wasser abkühlen lassen, dann herausnehmen; kühl und dunkel aufbewahren.

Bleichsellerie

Zubereitungszeit: 15 Minuten
Gar- und Einkochzeit: 1 Stunde 20 Minuten

800 g Bleichsellerie
Salz

Einige Gläser in einen großen Topf mit kochendem Wasser geben und 10 Minuten darin sterilisieren, dann herausnehmen und umgedreht auf einem sauberen Tuch abtropfen lassen.
Die Selleriestangen schälen, von den Enden befreien und in Stücke schneiden, dann waschen und abtropfen lassen. In einem großen Topf reichlich Salzwasser aufkochen und den Sellerie 3 Minuten darin kochen lassen. Anschließend in ein Sieb abgießen und kalt abschrecken.
Die Selleriestücke gleichmäßig auf die Gläser verteilen. Bis 2–3 cm unter dem Rand mit Salzwasser (1 TL (5 g) Salz pro Liter) auffüllen.
Die Gläser fest verschließen, in einen großen Topf mit kochendem Wasser stellen – sie sollen vom Wasser bedeckt sein – und 1 1/4 Stunde sterilisieren. Die Gläser im Wasser abkühlen lassen, dann herausnehmen; kühl und dunkel aufbewahren.

Tomatencoulis

Zubereitungszeit: 15 Minuten
Gar- und Einkochzeit: 2 Stunden 15 Minuten

2 kg vollreife Fleischtomaten
6 EL Olivenöl
3 Knoblauchzehen, geschält und zerdrückt
1 TL Zucker
1/2 Lorbeerblatt
2 EL gehackte Petersilie
1 Thymianzweig
4 Basilikumblätter
Salz
schwarzer Pfeffer aus der Mühle

Einige Gläser in einen großen Topf mit kochendem Wasser geben und 10 Minuten darin sterilisieren, dann herausnehmen und umgedreht auf einem sauberen Tuch abtropfen lassen.
Die Tomaten waschen und unten jeweils kreuzförmig einritzen. Für 1 Minute in kochendheißes Wasser geben. Mit einem Schaumlöffel herausheben und kalt abschrecken, dann häuten.
Die Tomaten vierteln, entkernen, von hellen Teilen befreien und grob würfeln.
Das Olivenöl in einer hohen Pfanne erhitzen und den Knoblauch darin 3 Minuten dünsten. Tomatenwürfel, Zucker, Lorbeer, Petersilie, Thymian, Basilikum, Salz und Pfeffer hinzufügen. Alles gut verrühren, dann zugedeckt bei schwacher Hitze 30 Minuten köcheln lassen.
Lorbeerblatt und Thymianzweig entfernen. Die Tomatenmischung im Mixer oder mit dem Stabmixer pürieren.
Das Coulis in die Gläser füllen. Die Gläser fest verschließen, in einen großen Topf mit kochendem Wasser stellen – sie sollen vom Wasser bedeckt sein – und 1 1/4 Stunde sterilisieren. Die Gläser vor dem Herausnehmen im Wasser abkühlen lassen; kühl und dunkel aufbewahren.

TIPP • Dieses Tomatencoulis eignet sich besonders gut als Pizzabelag und als Beilage zu Reisgerichten oder Fleischklößchen.

Tomatencoulis

Tagliatelle mit kleinen Pilzen und Basilikum

Für 4 Portionen
Zubereitungszeit: 15 Minuten
Garzeit: 20 Minuten

1 Schalotte, fein gewürfelt
3 EL Olivenöl
250 g eingelegte Pilze (siehe Rezept rechts), abgetropft
Salz
400 g Tagliatelle
4 große Basilikumblätter, in feine Streifen geschnitten
schwarzer Pfeffer aus der Mühle

2 Esslöffel Olivenöl in einer tiefen Pfanne erhitzen. Die Schalottenwürfel darin goldgelb dünsten.
Die Pilze hinzufügen und 2–3 Minuten mitdünsten, bis die Flüssigkeit verdunstet ist. Vom Herd nehmen, warm stellen.
In einem großen Topf reichlich Salzwasser zum Kochen bringen. Die Pasta darin nach Packungsanweisung garen, dann in ein Sieb abgießen, abtropfen lassen und zur Pilzmischung in die Pfanne geben.
Alles zusammen kurz erhitzen, das Basilikum hinzufügen und untermischen.
Das Gericht vor dem Servieren mit Olivenöl beträufeln und mit Pfeffer würzen.

Pilze in Würzsud

Zubereitungszeit: 1 Stunde 30 Minuten
Gar- und Einkochzeit: 1 Stunde 15 Minuten

2–3 kg gemischte Pilze, z. B. Steinpilze, Pfifferlinge (Eierschwämme)
250 ml Weißwein
1 Zwiebel
2–3 Knoblauchzehen
Salz
schwarzer Pfeffer aus der Mühle
Kräutersträußchen (Thymian, Lorbeer, Bohnenkraut)

Einige Gläser in einen großen Topf mit kochendem Wasser geben und 10 Minuten darin sterilisieren, dann herausnehmen und umgedreht auf einem sauberen Tuch abtropfen lassen.
Die Pilze putzen. Kleine Exemplare ganz lassen, größere halbieren oder vierteln. Die Pilze für 2–3 Minuten in kochendes Wasser geben.
750 ml Wasser in einen großen Topf füllen. Wein, Zwiebel, Knoblauch, Salz, reichlich Pfeffer und das Kräutersträußchen hinzufügen und alles zum Kochen bringen. Die Pilze in den Sud geben und unter gelegentlichem Rühren 10 Minuten kochen, dann im Sud abkühlen lassen. Abgießen, dabei den Sud auffangen; die Pilze abtropfen lassen und mit Küchenpapier trockentupfen.
Die Pilze auf die Gläser verteilen und mit dem Sud bedecken. Anschließend die Gläser fest verschließen, in einen großen Topf mit kochendem Wasser stellen – sie sollen vom Wasser bedeckt sein – und 1 1/4 Stunde sterilisieren.
Die Gläser im Wasser abkühlen lassen, dann herausnehmen; kühl und dunkel aufbewahren.

Fruchtig und süß

Die Gläser vorbereiten

Den Backofen 15 Minuten lang auf 110 °C vorheizen. Die gründlich gespülten Gläser für 5 Minuten in den heißen Ofen stellen, dann herausnehmen und auf einem sauberen Küchentuch abkühlen lassen.

Die Gläser füllen

Die Konfitüre mit einer kleinen Schöpfkelle randvoll in die Gläser füllen. Gläser und Glasränder sorgfältig sauber wischen, dann die Gläser fest verschließen. Umgedreht abkühlen lassen; kühl und dunkel aufbewahren.

Erdbeerkonfitüre

Für 6 Gläser, je 250 ml Inhalt
Zubereitungszeit: 10 Minuten
Durchziehen lassen: 1 Nacht
Garzeit: 20 Minuten

1 kg Erdbeeren
900 g Zucker
Saft von 1 Zitrone

Die Erdbeeren kurz waschen; die Kelchblätter abzupfen, die Beeren mit Küchenpapier trockentupfen. Mit dem Zucker und dem Zitronensaft in eine Schüssel geben. Zugedeckt an einem kühlen Ort über Nacht durchziehen lassen.
Am nächsten Tag die Gläser vorbereiten (siehe oben). Die Erdbeeren in ein Sieb abgießen, den Saft dabei auffangen. Den Saft in einen Topf geben und unter ständigem Rühren mit einem Holzlöffel zum Kochen bringen. Die Erdbeeren hineingeben, alles 5 Minuten sprudelnd kochen lassen. Die Beeren herausheben und den Saft in 5 Minuten bei mittlerer Hitze einkochen lassen. Die Erdbeeren wieder in den Saft geben und alles unter gelegentlichem Rühren mit dem Holzlöffel erneut 5 Minuten sprudelnd kochen lassen. Den Schaum, der sich an der Oberfläche bildet, mit einem Löffel abschöpfen. Die Konfitüre noch heiß in die Gläser füllen (siehe oben).

Pflaumenkonfitüre

Für 6 Gläser, je 250 ml Inhalt
Zubereitungszeit: 15 Minuten
Garzeit: 20 Minuten

1 kg kleine rote Pflaumen
100 g ganze Mandelkerne
700 g Zucker

Die Gläser vorbereiten (siehe oben). Die Pflaumen waschen, abtropfen lassen und mit Küchenpapier trockenreiben, dann halbieren und entsteinen.
Den Zucker und 1/2 Glas Wasser in einen Topf geben. Bei schwacher Hitze unter ständigem Rühren heiß werden lassen. Sobald die Zuckermischung sprudelnd kocht, die Pflaumen hineingeben und alles bei mittlerer Hitze 20 Minuten kochen lassen, dabei regelmäßig umrühren. Schaum, der sich an der Oberfläche bildet, mit einem Löffel abschöpfen. Die Mandeln hinzufügen und die Konfitüre noch heiß in die Gläser füllen (siehe oben).

Aprikosenkonfitüre

Für 4 Gläser, je 250 ml Inhalt
Zubereitungszeit: 15 Minuten
Durchziehen lassen: 1 Nacht
Garzeit: 20 Minuten

600 g feste, reife Aprikosen
400 g Zucker
Saft von 1/2 Zitrone

Die Aprikosen waschen, abtropfen lassen und mit Küchenpapier trockenreiben; anschließend halbieren und entsteinen.
Die Aprikosenhälften mit dem Zucker und dem Zitronensaft in eine große Schüssel geben. Zugedeckt an einem kühlen Ort über Nacht durchziehen lassen.
Am nächsten Tag die Gläser vorbereiten (siehe oben). Die Aprikosen mitsamt dem Zucker und dem Zitronensaft in einen großen Topf geben. Bei starker Hitze aufkochen, dabei mit einem Holzlöffel ständig rühren. Bei mittlerer Hitze unter gelegentlichem Rühren 20 Minuten kochen lassen. Schaum, der sich an der Oberfläche bildet, mit einem Löffel abschöpfen.
Die Konfitüre noch heiß in die Gläser füllen (siehe oben).

Himbeerkonfitüre

Für 6 Gläser, je 250 ml Inhalt
Zubereitungszeit: 10 Minuten
Garzeit: 25 Minuten

1 kg Himbeeren
800 g Zucker
Saft von 1 Zitrone

Die Gläser vorbereiten (siehe oben). Die Himbeeren kurz waschen, dann gut abtropfen lassen. Himbeeren, Zucker und Zitronensaft in einen Topf geben.
Bei recht starker Hitze aufkochen lassen, dabei mit einem Holzlöffel ständig rühren. Schaum, der sich an der Oberfläche bildet, mit einem Löffel abschöpfen. Die Konfitüre noch heiß in die Gläser füllen (siehe oben).

Rhabarberkonfitüre

Für 7 Gläser, je 250 ml Inhalt
Zubereitungszeit: 10 Minuten
Durchziehen lassen: 1 Nacht
Garzeit: 20 Minuten

1 kg Rhabarber
1 unbehandelte Orange (nach Belieben)
1 kg Zucker

Den Rhabarber waschen und mit Küchenpapier trockenreiben. Die Stangen in kleine Stücke schneiden und diese mit dem Zucker in eine große Schüssel geben. Zugedeckt an einem kühlen Ort über Nacht durchziehen lassen.
Am nächsten Tag die Gläser vorbereiten (siehe Seite 102). Den Rhabarber in ein Sieb schütten, den Saft dabei in einem Topf auffangen. Bei starker Hitze aufkochen und 1–2 Minuten sprudelnd kochen lassen. Den Rhabarber hineingeben und alles bei schwacher Hitze etwa 15 Minuten köcheln lassen, dabei regelmäßig mit einem Holzlöffel umrühren. Schaum, der sich an der Oberfläche bildet, mit einem Löffel abschöpfen.
Wer mag, kann eine unbehandelte Orange in Scheiben schneiden; diese in den Topf geben und mitköcheln. Die Konfitüre noch heiß in die Gläser füllen (siehe Seite 102).

Zwetschgenkonfitüre

Für 7 Gläser, je 250 ml Inhalt
Zubereitungszeit: 10 Minuten
Durchziehen lassen: 1 Nacht
Garzeit: 20 Minuten

1 kg Zwetschgen
900 g Zucker
Saft von 1 Zitrone

Die Zwetschgen waschen, abtropfen lassen und mit Küchenpapier trockentupfen. Anschließend halbieren und entsteinen.
Zwetschgen, Zucker und Zitronensaft in eine große Schüssel geben und zugedeckt über Nacht an einem kühlen Ort durchziehen lassen.
Am nächsten Tag die Gläser vorbereiten (siehe Seite 102). Die Zwetschgen mitsamt dem Zucker und dem Zitronensaft in einen Topf geben. Bei starker Hitze aufkochen, dabei ständig mit einem Holzlöffel rühren. Insgesamt etwa 20 Minuten kochen lassen. Schaum, der sich an der Oberfläche bildet, mit einem Löffel abschöpfen. Die Konfitüre noch heiß in die Gläser füllen (siehe Seite 102).

Bitterorangenmarmelade

Für 7 Gläser, je 250 ml Inhalt
Zubereitungszeit: 25 Minuten
Garzeit: 1 Stunde

15 unbehandelte Bitterorangen
1 kg Zucker
Saft von 1 Zitrone

Die Gläser vorbereiten (siehe Seite 102). Die Orangen waschen und trockenreiben. Drei der Orangen mit einem Sparschäler schälen. Die Schale in dünne, etwa 2,5 cm lange Streifen schneiden. Diese in einen Topf geben, mit Wasser bedecken und aufkochen. Köcheln lassen, bis die Streifen weich sind.
Die Orangen auspressen. Orangen- und Zitronensaft in einen Topf geben. Etwa 40 Minuten bei mittlerer Hitze kochen lassen, dabei gelegentlich mit einem Holzlöffel rühren.
Die Zesten hinzufügen und alles noch etwa 20 Minuten köcheln. Schaum, der sich an der Oberfläche bildet, mit einem Löffel abschöpfen. Die Marmelade heiß in die Gläser füllen (siehe Seite 102).

Melonenkonfitüre

Für 6 Gläser, je 250 ml Inhalt
Zubereitungszeit: 25 Minuten
Durchziehen lassen: 2 Stunden
Garzeit: 50 Minuten

2 orangefleischige Melonen
800 g Zucker pro kg Fruchtfleisch
Saft von 2 Zitronen
einige Mandelblättchen oder Mandelkerne

Die Gläser vorbereiten (siehe Seite 102). Die Melonen in Stücke schneiden, schälen und entkernen, das Fruchtfleisch in Würfel schneiden. Sollte das Fruchtfleisch unter der Schale zu hart sein, geben Sie es für etwa 2 Minuten in kochendes Wasser.
Die Melonenwürfel mit Zucker und Zitronensaft in eine große Schüssel füllen. 2 Stunden durchziehen lassen, dann in einen Topf geben.
Bei mittlerer Hitze kochen lassen, dabei mit einem Holzlöffel. gelegentlich rühren. Schaum, der sich an der Oberfläche bildet, mit einem Löffel abschöpfen. Die Mandeln hinzufügen, untermischen und die Konfitüre noch heiß in die Gläser füllen (siehe Seite 102).

Mirabellenkonfitüre

Für 6 Gläser, je 250 ml Inhalt
Zubereitungszeit: 10 Minuten
Durchziehen lassen: 1 Nacht
Garzeit: 30 Minuten

1 kg Mirabellen
900 g Zucker
Saft von 1 Zitrone

Die Mirabellen waschen, abtropfen lassen und mit Küchenpapier trockenreiben. Anschließend halbieren und entsteinen.
Die Mirabellen mit Zucker und Zitronensaft in eine große Schüssel geben und zugedeckt an einem kühlen Ort über Nacht durchziehen lassen. Am nächsten Tag die Gläser vorbereiten (siehe Seite 102). Die Mirabellen mitsamt dem Zucker und dem Zitronensaft in einen Topf geben. Bei starker Hitze aufkochen, dabei mit einem Holzlöffel ständig rühren, dann etwa 30 Minuten kochen lassen. Schaum, der sich an der Oberfläche bildet, mit einem Löffel abschöpfen. Die Konfitüre noch heiß in die Gläser füllen (siehe Seite 102).

Maronenkonfitüre

Für 6 Gläser, je 250 ml Inhalt
Zubereitungszeit: 25 Minuten
Garzeit: 35 Minuten

1 kg Maronen (Esskastanien)
750 g Zucker
1 Vanilleschote

Die Gläser vorbereiten (siehe Seite 102). Die Maronen mit einem kleinen spitzen Messer kreuzförmig einschneiden. In einem großen Topf Wasser zum Kochen bringen. Die Maronen darin kurz ziehen lassen, dann abgießen und die dicke Außenschale sowie die dünne braune Haut mit einem Messer entfernen.
Frisches Wasser in einem großen Topf aufkochen und die geschälten Maronen hineingeben.
Etwa 15 Minuten garen, dann herausnehmen und die Maronen mit einem Löffelrücken zerdrücken. Sie können sie auch mit dem Passiergerät zerkleinern.
Den Zucker zur Garflüssigkeit in den Topf geben und unter ständigem Rühren aufkochen lassen. Sobald die Flüssigkeit sprudelnd kocht, die zerdrückten Maronen und die Vanilleschote hineingeben. Alles bei mittlerer Hitze etwa 20 Minuten kochen lassen, dabei regelmäßig umrühren.
Die Vanilleschote herausnehmen und die Maronenkonfitüre noch heiß in die Gläser füllen (siehe Seite 102). Die Vanilleschote in sechs Stücke schneiden und diese auf die Gläser verteilen.

Maronenkonfitüre

Gelee aus Schwarzen Johannisbeeren

Für 5–6 Gläser, je 250 ml Inhalt
Zubereitungszeit: 20 Minuten
Garzeit: 25 Minuten

1,6 kg Schwarze Johannisbeeren
1,1 kg Zucker
Saft von 1 Zitrone

Die Gläser vorbereiten (siehe Seite 102). Die Beeren waschen und abtropfen lassen. In einen großen, schweren Topf geben, 1/2 Glas Wasser hinzufügen und die Beeren köcheln lassen, bis sie aufplatzen.
Die Beeren in ein Mulltuch geben und über einer großen Schüssel den Saft durch kräftiges Zusammendrehen des Tuchs herauspressen.
Den aufgefangenen Saft mit Zucker und Zitronensaft in einen großen Topf geben und bei mittlerer Hitze etwa 15 Minuten kochen lassen.
Das Gelee in die Gläser füllen (siehe Seite 102); kühl und dunkel aufbewahren.

Gelee aus Roten Johannisbeeren

Für 5–6 Gläser, je 250 ml Inhalt
Zubereitungszeit: 15 Minuten
Garzeit: 15 Minuten

1,6 kg Rote Johannisbeeren
1,1 kg Zucker
Saft von 1 Zitrone

Die Gläser vorbereiten (siehe Seite 102). Die Johannisbeeren waschen und abtropfen lassen. In ein Mulltuch geben und über einer großen Schüssel den Saft durch kräftiges Zusammendrehen des Tuchs herauspressen.
Den aufgefangenen Saft mit Zucker und Zitronensaft in einen großen Topf geben und bei mittlerer Hitze etwa 15 Minuten kochen lassen.
Das Gelee noch heiß in die Gläser füllen (siehe Seite 102); kühl und dunkel aufbewahren.

TIPP • Anders als bei Schwarzen Johannisbeeren und Brombeeren, ist es bei Roten Johannisbeeren nicht erforderlich, sie vor dem Entsaften zu kochen. Gelee aus dem Saft von Roten Johannisbeeren dickt problemlos an – früher wurde es ganz ohne Kochen zubereitet!

Gelee aus Schwarzen Johannisbeeren

Weißweingelee

Für 5 Gläser, je 250 ml Inhalt
Zubereitungszeit: 25 Minuten
Garzeit: 35 Minuten

1 Flasche weißer Bordeaux
500 ml Apfelsaft
1,1 kg Zucker

Die Gläser vorbereiten (siehe Seite 102).
Den Wein in einen großen Topf gießen und zum Kochen bringen. Den Topf vom Herd nehmen und den Wein rasch flambieren.
Anschließend den Apfelsaft und den Zucker hinzufügen und alles mit einem Holzlöffel gut verrühren. Den Topf wieder auf den Herd stellen und die Weinmischung bei recht starker Hitze etwa 15 Minuten kochen lassen, dabei regelmäßig mit dem Holzlöffel umrühren. Schaum, der sich an der Oberfläche bildet, mit einem Löffel abschöpfen.
Die Gläser mithilfe einer kleinen Schöpfkelle randvoll mit dem Gelee füllen. Gläser und Glasränder sorgfältig sauber wischen. Die Gläser verschließen und umgedreht abkühlen lassen. Kühl und dunkel aufbewahren.

TIPP • Dieses Gelee schmeckt wunderbar zu kaltem Schweinebraten – und natürlich ebenso auf einem mit Butter bestrichenen Brötchen.

Weißweingelee

Kompott einmachen

Falls Sie das Kompott lange haltbar machen möchten, muss die Garzeit auf 35 Minuten reduziert werden. Die Gläser wie für Konfitüre oder Gelee vorbereiten (siehe Seite 102). Das Kompott warm in die Gläser füllen. Die Gläser fest verschließen und 20 Minuten in einem großen Topf mit kochendem Wasser sterilisieren. Abkühlen lassen und anschließend kühl und dunkel aufbewahren.

Kompott aus Äpfeln und Quitten

Vorbereitungszeit: 15 Minuten
Garzeit: 15 Minuten

2 schöne Quitten
4 Äpfel
150 g Zucker
1 Vanilleschote

Die Quitten mit einem Sparschäler schälen, dann vierteln und von den Kerngehäusen befreien. Die Quittenviertel in eine Schüssel mit kaltem Wasser geben.
Die Äpfel schälen, vierteln und ebenfalls von den Kerngehäusen befreien.
Quitten- und Apfelviertel mit dem Zucker und der Vanilleschote in einen großen Topf geben. 1/2 Glas Wasser dazugießen und alles zugedeckt bei schwacher Hitze etwa 50 Minuten köcheln lassen; dabei regelmäßig rühren, damit nichts ansetzt. Falls nötig, noch etwas Wasser hinzufügen.
Das Kompott erst abkühlen lassen, dann in den Kühlschrank stellen. Sehr kalt servieren.

Birnenkompott mit Gewürzen

Für 5–6 Gläser, je 250 ml Inhalt
Vorbereitungszeit: 15 Minuten
Garzeit: 15 Minuten

1,2 kg Birnen
150 g brauner Zucker
1/4 TL gemahlener Ingwer
1/4 TL gemahlener Zimt
1 Vanilleschote

Die Birnen schälen, vierteln und von den Kerngehäusen befreien.
Die Birnenviertel mit Zucker, Ingwer, Zimt und Vanille in einen großen Topf geben. 1/2 Glas Wasser dazugießen. Alles zugedeckt bei schwacher Hitze etwa 50 Minuten köcheln lassen.
Das Kompott erst abkühlen lassen, dann in den Kühlschrank stellen. Mit Crème fraîche servieren.

Birnenkompott und Kompott aus Äpfeln und Quitten

Quittenbrot

Zubereitungszeit: 15 Minuten
Trocknen lassen: 3 Tage
Garzeit: 35 Minuten

Etwa 800 g Quitten
500 g Zucker
feiner Zucker zum Wenden

Die Quitten waschen und sorgfältig mit Küchenpapier trockenreiben. Anschließend vierteln, die Viertel in einen großen Topf geben und bei starker Hitze in etwa 15 Minuten weich kochen.
Die Quittenviertel herausnehmen, von den Kerngehäusen befreien und schälen. Das Fruchtfleisch durch den Fleischwolf (feine Scheibe) drehen oder fein pürieren.
Vom Fruchtfleisch 500 g abwiegen; dieses in einen großen Topf geben und den Zucker hinzufügen. Unter ständigem Rühren mit einem Holzlöffel aufkochen, dann 20 Minuten bei starker Hitze kochen lassen; die Masse soll richtig dick werden.
Ein Backblech mit Backpapier belegen und die Quittenmasse daraufstreichen. Für 3 Tage an einen trockenen, kühlen Ort stellen. Die feste Quittenmasse in Rauten schneiden oder mit Förmchen Motive ausstechen. Die Stücke rasch in Zucker wenden.
Den Boden einer fest verschließbaren Dose mit Butterbrotpapier belegen. Das Quittenbrot hineingeben und darin aufbewahren.

Quittenbrot

Brombeeren in Sirup

Für 1 Glas, 1 l Inhalt
Zubereitungszeit: 15 Minuten
Einkochzeit: 15 Minuten

1 kg reife kleine Brombeeren
2 EL Zucker
Saft von 1 Zitrone

Zuerst das Einmachglas vorbereiten: Das Glas in einen großen Topf mit kochendem Wasser geben und 10 Minuten sterilisieren, dann herausnehmen und umgedreht auf einem sauberen Tuch abtropfen lassen.
Die Brombeeren verlesen (verwenden Sie nur vollreife, unbeschädigte Exemplare) und die Blütenkelche abzupfen. Die Beeren waschen, abtropfen lassen und mit Küchenpapier trockentupfen. Dann in das Glas geben, mit Zucker bestreuen und mit Zitronensaft begießen.
Das Glas fest verschließen und in einen großen, mit Wasser gefüllten Topf stellen. Das Wasser aufkochen und 15 Minuten sprudelnd kochen lassen. Das Glas im Wasser abkühlen lassen; kühl und dunkel aufbewahren.

Birnen in Sirup

Für 1 Glas, 1 l Inhalt
Zubereitungszeit: 15 Minuten
Einkochzeit: 15 Minuten

1,3 kg feste Birnen
Saft von 1 Zitrone

Zuerst das Einmachglas vorbereiten: Das Glas in einen großen Topf mit kochendem Wasser geben und 10 Minuten sterilisieren, dann herausnehmen und umgedreht auf einem sauberen Tuch abtropfen lassen.
Die Birnen waschen, trockenreiben und schälen. Anschließend vierteln und von Stielen und Kerngehäusen befreien.
Die Birnenviertel in das Glas geben, mit Zucker bestreuen und mit Zitronensaft begießen.
Das Glas fest verschließen und in einen großen mit Wasser gefüllten Topf stellen. Das Wasser aufkochen und 15 Minuten sprudelnd kochen lassen. Das Glas im Wasser abkühlen lassen; kühl und dunkel aufbewahren.

Birnen in Sirup

Kirschen in Sirup

Für 1 Glas, 1 l Inhalt
Zubereitungszeit: 15 Minuten
Einkochzeit: 15 Minuten

1 kg feste, reife Kirschen
2 EL Zucker
Saft von 1 Zitrone

Zuerst das Einmachglas vorbereiten: Das Glas in einen großen Topf mit kochendem Wasser geben und 10 Minuten sterilisieren, dann herausnehmen und umgedreht auf einem sauberen Tuch abtropfen lassen.
Die Kirschen waschen, abtropfen lassen und mit Küchenpapier trockentupfen. 4–5 Kirschen entsteinen. Die Steine in ein Tuch hüllen, mit einem Hammer zerschlagen und die Samen im Inneren der Steine herauslösen.
Die ganzen Kirschen in das Glas geben, die Kirschsamen, den Zucker und den Zitronensaft hinzufügen.
Das Glas fest verschließen und in einen großen Topf voll Wasser stellen. Das Wasser aufkochen und 15 Minuten sprudelnd kochen lassen.
Das Glas im Wasser abkühlen lassen. Herausnehmen, dann kühl und dunkel aufbewahren.

Pflaumen in Sirup

Für 1 Glas, 1 l Inhalt
Zubereitungszeit: 15 Minuten
Einkochzeit: 15 Minuten

1 kg feste, reife Pflaumen
2 EL Zucker
Saft von 1 Zitrone

Zuerst das Einmachglas vorbereiten: Das Glas in einen großen Topf mit kochendem Wasser geben und 10 Minuten sterilisieren, dann herausnehmen und umgedreht auf einem sauberen Tuch abtropfen lassen.
Die Pflaumen waschen, abtropfen lassen und behutsam mit Küchenpapier trockenreiben. In das Glas geben, mit Zucker bestreuen und mit Zitronensaft begießen.
Das Glas fest verschließen und in einen großen Topf voll Wasser stellen. Das Wasser aufkochen und 15 Minuten sprudelnd kochen lassen.
Das Glas im Wasser abkühlen lassen. Herausnehmen, dann kühl und dunkel aufbewahren.

Pflaumen in Sirup

Aprikosen mit Vanille

Für 1 Glas, 1 l Inhalt
Zubereitungszeit: 15 Minuten
Einkochzeit: 15 Minuten

1,2 kg feste, reife Aprikosen
2 EL Zucker
1 Vanilleschote
Saft von 1 Zitrone

Zuerst das Einmachglas vorbereiten: Das Glas in einen großen Topf mit kochendem Wasser geben und 10 Minuten sterilisieren, dann herausnehmen und umgedreht auf einem sauberen Tuch abtropfen lassen.
Die Aprikosen waschen, abtropfen lassen und behutsam mit Küchenpapier trockenreiben. Anschließend halbieren und entsteinen. 4–5 Obststeine in ein Tuch hüllen und mit einem Hammer zerschlagen. Die Samen im Inneren herauslösen.
Die Aprikosen in das Glas geben, die Aprikosensamen, den Zucker, die Vanilleschote und den Zitronensaft hinzufügen.
Das Glas fest verschließen und in einen großen Topf voll Wasser stellen. Das Wasser aufkochen und 15 Minuten sprudelnd kochen lassen.
Das Glas im Wasser abkühlen lassen; kühl und dunkel aufbewahren.

Klementinen in Sirup

Für 1 Glas, 1 l Inhalt
Zubereitungszeit: 15 Minuten
Gar- und Einkochzeit: 55 Minuten

1 kg unbehandelte Klementinen
250 g Zucker

Zuerst das Einmachglas vorbereiten: Das Glas in einen großen Topf mit kochendem Wasser geben und 10 Minuten sterilisieren, dann herausnehmen und umgedreht auf einem sauberen Tuch abtropfen lassen.
Die Klementinen waschen und in einen Topf mit kaltem Wasser geben. Aufkochen, dann bei schwacher Hitze etwa 12 Minuten köcheln lassen.
Die Klementinen in ein Sieb abgießen und abtropfen lassen.
Den Zucker mit 1 Liter Wasser in einen Topf geben. Heiß werden lassen, dann die Klementinen in die Zuckerlösung geben und alles weitere 30 Minuten köcheln lassen. Die Klementinen herausheben und abtropfen lassen.
Die Früchte in das Glas geben und mit dem Sirup begießen.
Das Glas fest verschließen und in einen großen Topf voll Wasser stellen. Das Wasser aufkochen und 15 Minuten sprudelnd kochen lassen.
Das Glas im Wasser abkühlen lassen. Herausnehmen, dann kühl und dunkel aufbewahren.

TIPP • Die Klementinen in Sirup schmecken hervorragend zu Quarkcreme oder Joghurt – mit dem Sirup können Sie Obstsalate wunderbar aromatisieren.

Klementinen in Sirup

Vanillezucker

Zubereitungszeit: 5 Minuten

1 Vanilleschote
1 kg Zucker

Die Vanilleschote mit einem scharfen Messer längs aufschlitzen und das Mark herausschaben. Das Vanillemark mit dem Zucker verrühren, die Vanilleschote hinzufügen.
Den Vanillezucker frühestens nach 2–3 Tagen verwenden.

TIPP • Der Vanillezucker schmeckt köstlich in Obstsalaten. Doch auch zum Süßen und Aromatisieren von Teigen ist er bestens geeignet.

Zucker mit Sternanis

Zubereitungszeit: 5 Minuten

2 Stück Sternanis
1 kg feiner brauner oder weißer Zucker

Den Anis zum Zucker geben und alles gelegentlich durchmischen.
Den Aniszucker mindestens 2–3 Tage durchziehen lassen, dann erst verwenden.

TIPP • Der Aniszucker verleiht Obstsalaten ein ganz besonderes Aroma.

Zimtzucker

Zubereitungszeit: 5 Minuten

2 Zimtstangen
1 kg feiner brauner oder weißer Zucker

Den Zimt zum Zucker geben und alles gelegentlich mischen.
Genau wie den Aniszucker, den Zimtzucker frühestens nach 2–3 Tagen verwenden.

TIPP • Würzen Sie mit diesem Zimtzucker Schokodesserts und heiße Schokolade, aber auch Pfannkuchen, Crêpes, Apfelkuchen oder Apfel-Crumble.

Vanillezucker und Zucker mit Sternanis

Obsttorte mit Quittenglasur

Quittenbrot (siehe Seite 114) in einem kleinen Topf mit etwas Wasser und Likör (z. B. Kirschlikör, Amaretto) verdünnen und erhitzen. Etwas abkühlen lassen, die Hälfte davon auf dem Tortenboden verstreichen, dann das Obst darauf verteilen und dieses mit der restlichen Geleemischung bestreichen. So sieht die Torte nicht nur schöner aus, sie schmeckt auch viel besser.

Schokoladenküchlein mit Klementinen

250 g dunkle Schokolade (mindestens 75 Prozent Kakaoanteil) mit 250 g Butter auf dem heißen Wasserbad schmelzen. 8 Eigelb und 200 g braunen Zucker aufschlagen, bis die Masse heller und cremig wird. Kakao- und Eigelbmischung miteinander verrühren. 4 Eiweiß zu Schnee schlagen, unter die Schokomasse ziehen. Auflaufförmchen fetten, mit Mehl ausstäuben. Den Teig zwei Drittel hoch hineinfüllen und bei schwacher Hitze etwa 30 Minuten backen. 5 Minuten vor Ende der Backzeit je eine Klementinenscheibe (siehe Seite 120) auf jedes Küchlein legen. Lauwarm servieren.

Schafskäse mit Quittenbrot

Quittenbrot (siehe Seite 114) schmeckt schon pur unwiderstehlich. Doch es macht sich auch gut auf einer Käseplatte – insbesondere zu Schafskäse passt es hervorragend.

Brioche mit Pflaumenkonfitüre

Das mögen Kinder: Von einer Brioche oder einem Brötchen einen Deckel abschneiden und das Brot etwas aushöhlen. Mit selbst gemachter Konfitüre, beispielsweise Pflaumenkonfitüre (siehe Seite 102) füllen.

Scones mit Aprikosenkonfitüre

Die leichte Süße des typisch englischen Gebäcks harmoniert vortrefflich mit der fruchtigen Säure von Aprikosenkonfitüre (siehe Seite 102). Die Scones vor dem Servieren im Backofen erwärmen.

Linzer Torte

Für 4–6 Portionen
Vorbereitungszeit: 20 Minuten
Backzeit: 30 Minuten

125 g Mehl
1 Prise Salz
1 Ei
125 g weiche Butter in Flöckchen,
zusätzlich Butter für die Form
125 g Zucker
125 g gemahlene Mandeln
abgeriebene Schale von
1/4 unbehandelten Zitrone
1 TL gemahlener Zimt
1 TL Kakaopulver
150 g Himbeerkonfitüre (siehe Seite 102)
Milch zum Bestreichen

Sie benötigen für diese Torte eine Tarte- oder Springform von 26 cm Durchmesser.
Das Mehl auf eine Arbeitsfläche schütten und eine Mulde hineindrücken. Salz, Ei, Butter und Zucker in die Mulde geben und mit den Fingerspitzen vemischen. Mandeln, Zitronenschale, Zimt und Kakao hinzufügen, mit dem Mehl mischen und alles zu einem bröseligen Teig verkneten. Den Teig zu einer Kugel formen, in Frischhaltefollie wickeln und für mindestens 1 Stunde in den Kühlschrank legen.
Den Backofen auf 180 °C vorheizen; die Form ausfetten. Zwei Drittel des Teigs zu einer runden Platte ausrollen. Die Teigplatte um das Nudelholz wickeln und damit in die Form legen. Den Teig mit der Konfitüre bestreichen.
Den restlichen Teig in etwa 1 cm breite Streifen schneiden. Diese gitterförmig auf den Kuchen legen und mit Milch bestreichen.
Die Torte im heißen Ofen 30 Minuten backen.

TIPP • Die Torte kalt servieren, dazu steif geschlagenen Rahm reichen. Noch besser schmeckt der Teig, wenn Sie ihn am Vortag zubereiten.

Linzer Torte

Trocknen und Dörren

Trocknen ist die beste Methode, Aroma und Duft von Kräutern, Blättern und Blüten zu bewahren. Das ganze Jahr über können Sie daraus Tees, Aufgüsse und mehr zubereiten. Diese einfache Technik lässt sich auch auf Heilkräuter anwenden.

Praktische Tipps

Pflücken Sie Pflanzen vorzugsweise an einem schönen, trockenen Morgen, bevor die Sonne ihre volle Kraft entfaltet. Bei Sonneneinstrahlung und Hitze verdampfen die ätherischen Öle. Verzichten Sie bei Regenwetter auf das Ernten!

Breiten Sie die Pflanzen zum Trocknen auf einem Tablett aus, damit sie nicht aufeinander liegen.

Bewahren Sie getrocknete Kräuter, Blüten und Blätter kühl, dunkel und trocken auf, am besten in einem fest verschlossenen Einmachglas im Vorratsschrank oder in einer Blechdose.

Lorbeerblätter

Die Blätter vorsichtig mit einer kleinen Gartenschere abschneiden. Fleckige oder beschädigte Blätter aussortieren und wegwerfen.
Die Blätter waschen und mit Küchenpapier trockentupfen. Dann auf einem Tablett ausbreiten und für einige Tage an einen trockenen Ort stellen. Währenddessen regelmäßig wenden, anschließend in einem fest verschließbaren Gefäß aufbewahren.

Thymianzweige

Die Zweige mit einer kleinen Gartenschere abschneiden. Die Zweige waschen und mit Küchenpapier trockentupfen. Dann auf einem Tablett ausbreiten und für einige Tage an einen trockenen Ort stellen. Währenddessen regelmäßig wenden, anschließend in einem fest verschließbaren Gefäß aufbewahren.

TIPP • Thymianaufguss gilt als vorzügliches Mittel gegen Erkältungen. In der Küche ist Thymian außerdem ein wahres Zauberkraut.

Rosmarinzweige

Mit einer Gartenschere einige Zweige abschneiden. Die Zweige waschen und mit Küchenpapier trockentupfen. Auf einem Tablett ausbreiten und für einige Tage an einen trockenen Ort stellen. Währenddessen regelmäßig wenden, anschließend in einem fest verschließbaren Gefäß aufbewahren.

TIPP • Rosmarin bereichert mit seinem Aroma vor allem, Fleisch- und Fischgerichte. Das Kraut hat einen festen Platz in der mediterranen Küche.

Getrocknete Rosmarin

Verbenenblätter (Eisenkraut)

Die frisch gepflückten Verbenenblätter waschen und mit Küchenpapier trockentupfen. Dann auf einem Tablett ausbreiten und für etwa 2 Wochen an einen trockenen Ort stellen. Verbenentee gilt als verdauungsfördernd. Die Blätter in einem fest verschließbaren Gefäß aufbewahren.

Kirschstiele

Verwenden Sie die Stiele von frisch geernteten Kirschen. Diese auf einem Tablett ausbreiten und für etwa 2 Wochen an einen trockenen Ort stellen. Tee aus Kirschstielen hat eine entwässernde Wirkung.

Malvenblüten

Sammeln Sie die Blüten der echten Malve. Auf einem Tablett ausbreiten und für etwa 2 Wochen an einen trockenen Ort stellen. Die Blüten in einem fest verschließbaren Gefäß aufbewahren.

Orangenblätter

Die Blätter waschen und mit Küchenpapier trockentupfen. Auf einem Tablett ausbreiten und für etwa 2 Wochen an einen trockenen Ort stellen. Tee aus Orangenblättern eignet sich wegen seiner beruhigenden Eigenschaften besonders für Abends. Die Blätter in einem fest verschließbaren Gefäß aufbewahren.

Kamillenblüten

Sammeln Sie nur die Blüten von den Zweigspitzen. Diese auf einem Tablett ausbreiten und für etwa 2 Wochen an einen trockenen Ort stellen. Kamillentee gilt als verdauungsfördernd. Die Blüten in einem fest verschließbaren Gefäß aufbewahren.

Lindenblüten

Die Lindenblüten auf einem Tablett ausbreiten und für etwa 2 Wochen an einen trockenen Ort stellen. Lindenblütentee ist bekannt für seine beruhigende Wirkung. Die Blätter in einem fest verschließbaren Gefäß aufbewahren.

BOUTEILLES
L'IDEALE
CONSERVES

Getrocknete Apfelringe

Vorbereitungszeit: 15 Minuten
Trockenzeit: 3-mal 3 Stunden

1 kg Äpfel
Zitronensaft

Den Backofen auf 60 °C vorheizen. Die Äpfel abreiben und schälen. Die Kerngehäuse herausstechen und die Äpfel in Ringe schneiden. Die Apfelringe für 10 Minuten in mit Zitronensaft gesäuertes Wasser geben. Anschließend sorgfältig mit Küchenpapier trockentupfen
Die Apfelringe auf ein Backblech legen und dieses für 3 Stunden in den Ofen schieben; die Backofentür dabei einen Spaltbreit geöffnet lassen. Die Apfelringe regelmäßig wenden.
Das Ganze am nächsten Tag – und falls nötig auch am übernächsten – wiederholen.
Die getrockneten Apfelringe in ein fest verschließbares Gefäß geben; kühl und trocken lagern.

Getrocknete Birnen

Vorbereitungszeit: 15 Minuten
Trockenzeit: 3-mal 3 Stunden

1 kg Birnen

Den Backofen auf 60 °C vorheizen. Die Birnen abreiben, schälen, halbieren und von den Kerngehäusen befreien.
Die Birnenhälften sorgfältig mit Küchenpapier trockentupfen, dann auf ein Backblech legen und dieses für 3 Stunden in den Ofen schieben; die Backofentür dabei einen Spaltbreit geöffnet lassen. Die Birnenhälften regelmäßig wenden.
Am nächsten Tag – und falls nötig auch am übernächsten – das Ganze wiederholen.
Die getrockneten Birnenhälften in ein fest verschließbares Gefäß geben; kühl und trocken aufbewahren.

Getrocknete Aprikosen

Zubereitungszeit: 15 Minuten
Trockenzeit: 3-mal 3 Stunden

1 kg vollreife Aprikosen

Den Backofen auf 60 °C vorheizen. Die Aprikosen waschen und mit Küchenpapier trockenreiben, anschließend halbieren und entsteinen.
Die Aprikosenhälften auf ein Backblech legen und dieses für 3 Stunden in den Ofen schieben; die Backofentür dabei einen Spaltbreit geöffnet lassen. Die Aprikosenhälften regelmäßig wenden.
Das Ganze am nächsten Tag – und falls nötig auch am übernächsten – wiederholen.
Die getrockneten Aprikosenhälften in ein fest verschließbares Gefäß geben; kühl und trocken aufbewahren.

Getrocknete Birnen

Schokotaler mit Trockenobst und Nüssen

Getrocknete Birnen, Äpfel und Aprikosen (siehe Seite 134) in Stückchen schneiden und damit Schokotaler belegen. Nach Belieben können Sie noch Nüsse, Mandeln und Rosinen hinzufügen.

Kirschstiel-Aufguss

Kirschstiele sind bekannt für ihre entwässernde Wirkung – ideal für eine kleine Entschlackungskur. Die Stiele in einen Topf mit Wasser geben, aufkochen und 1 Minute sprudelnd kochen lassen. Die Stiele zugedeckt ziehen lassen.

Kamillentee

Verdauungsprobleme? Dann schnell ein Tässchen Kamillentee trinken! Er schmeckt zwar nicht besonders gut, wirkt aber sofort. Außerdem können Sie Kamillentee als Mundwasser verwenden.

Verbeneneis

Für eine köstliche Eisspezialität Englische Creme mit Schlagsahne mischen und 80 ml Verbenenlikör (siehe rechts) unterziehen. Für mindestens 1 Stunde ins Gefriergerät stellen, gelegentlich umrühren.

Verbenenlikör

Eine Hand voll Verbenenblätter (Eisenkraut) mit 1 Liter Branntwein in ein Einmachglas geben. 40 Tage an einem kühlen, dunklen Ort durchziehen lassen. Anschließend filtern und in eine große Flasche geben.
Ein Glas Wasser mit 180 g Zucker in einen Topf geben und unter ständigem Rühren zum Kochen bringen. Lauwarm abkühlen lassen, dann zum Branntwein geben. Gut mischen und kühl aufbewahren. Besonders dekorativ: Geben Sie einige Verbenenblätter mit in die Flasche.

Apfelquark mit Honig

Für 6 Portionen
Zubereitungszeit: 10 Minuten

1 kg Speisequark (20% Fett i.Tr.)
500 g getrocknete Apfelringe (siehe Seite 134)
4 EL flüssiger Honig (z.B. Akazienhonig oder Blütenhonig)

Den Quark in eine große Schüssel geben. Die Apfelringe klein schneiden, die Stücke zum Quark geben und unterrühren. Den Honig hinzufügen und untermischen. Den Apfelquark in den Kühlschrank stellen und mindestens 30 Minuten durchziehen lassen.

TIPP • Sie können den Quark in hohen Gläsern anrichten und langstielige Löffel dazu reichen. Stellen Sie ein Töpfchen mit Honig auf den Tisch, damit jeder seine Portion nach eigenem Geschmack nachsüßen kann.

Apfelquark mit Honig

Klassiker
mit und ohne
Alkohol

Dörrpflaumen in Branntwein

Zubereitungszeit: 15 Minuten
Einweichen: 1 Nacht

Schwarzer Tee (vorzugsweise Ceylontee)
1 kg Dörrpflaumen
1 Zimtstange
100 g Zucker
800 ml Branntwein

500 ml dünnen schwarzen Tee zubereiten. Die Dörrpflaumen hineingeben und über Nacht darin einweichen. Am nächsten Tag in einem Sieb abtropfen lassen.
Ein Glas vorbereiten: Das Glas 10 Minuten in kochendem Wasser sterilisieren. Umgedreht auf einem Küchentuch abtropfen lassen. Die Pflaumen in das Glas füllen. Zimt und Zucker hinzufügen und das Ganze mit dem Branntwein aufgießen. Das Glas fest verschließen, kühl und dunkel aufbewahren. Erst nach etwa 3 Monaten öffnen.

Kirschen in Branntwein

Zubereitungszeit: 15 Minuten

1 kg feste, reife Kirschen
1 Zimtstange
150 g Zucker
800 ml Branntwein

Die Kirschen waschen, abtropfen lassen und mit Küchenpapier trockentupfen; anschließend von den Stielen befreien und in ein Glas füllen. Zimtstange und Zucker hinzufügen und das Ganze mit dem Branntwein aufgießen. Das Glas fest verschließen, kühl und dunkel aufbewahren. Etwa 3 Monate durchziehen lassen, dann erst die Kirschen probieren.

Dörrpflaumen in Branntwein

Rumfrüchte

Für 1 großes Glas oder Steingutgefäß (mindestens 3 l Inhalt)
Zubereitungszeit: mehrere Monate vom Frühling bis zum Herbst
Garzeit: 5 Minuten

Makellose Früchte der Saison (Erdbeeren, Aprikosen, Kirschen, Himbeeren, Pfirsiche, Weintrauben, Pflaumen, Birnen ...)
Zucker
brauner Rum (mindestens 54 Volumenprozent)
1 Zimtstange (nach Belieben)

Zuerst das Gefäß vorbereiten: 10 Minuten in kochendem Wasser sterilisieren. Umgedreht auf einem sauberen Küchentuch abtropfen lassen.
Für die erste Obstlage die Früchte waschen und sorgfältig trockentupfen. Falls es sich um Erdbeeren handelt, die Kelchblätter abzupfen; kleine Beeren ganz lassen, größere halbieren. Das Obst in das Gefäß geben.
500 ml Wasser mit 160 g Zucker in einen Topf geben und unter ständigem Rühren zum Kochen bringen. Abkühlen lassen. Die Früchte mit dem Sirup sowie mit 250 ml Rum bedecken. Das Gefäß fest verschließen; dunkel aufbewahren.
Diesen Vorgang mit den nächsten Saisonfrüchten wiederholen: Mit Zuckersirup begießen und mit Rum bedecken.
Kirschen nur von den Stielen befreien, aber nicht entsteinen. Aprikosen halbieren und entsteinen. Pfirsiche vierteln und entsteinen. Birnen halbieren und von den Kerngehäusen befreien. Von Weintrauben die Stiele abzupfen. Mirabellen und kleine Pflaumen ganz lassen. Zwetschgen jedoch halbieren und entsteinen. Um dem Ganzen noch mehr Aroma zu verleihen, können Sie gelegentlich eine Zimtstange hinzufügen.
Die eingelegten Früchte nach dem Hinzufügen der letzten Lage etwa 3 Monate durchziehen lassen. Am besten ist es, den Rumtopf erst zu Weihnachten zu öffnen!

Rumfrüchte

Zitronensirup

Zubereitungszeit: 15–20 Minuten

1 kg Zucker
1 l Zitronensaft
abgeschnittene Schale von
1 unbehandelten Zitrone

500 ml Wasser mit dem Zucker in einen Topf geben. Unter Rühren aufkochen, dann 2–3 Minuten sprudelnd kochen lassen. Vom Herd nehmen und abkühlen lassen.
Zitronensaft und -schale hinzufügen und alles 5–10 Minuten sanft köcheln lassen, dabei regelmäßig umrühren.
Den Sirup lauwarm abkühlen lassen, dann filtern. Komplett auskühlen lassen, in Flaschen füllen.

Sirup aus Schwarzen Johannisbeeren

Zubereitungszeit: 20 Minuten

1 l Saft aus Schwarzen Johannisbeeren
(Herstellung siehe Seite 108)
900 g Zucker

Den Johannisbeersaft mit dem Zucker in einen Topf geben. Unter ständigem Rühren aufkochen, dann 2–3 Minuten sprudelnd kochen lassen. Vom Herd nehmen und lauwarm abkühlen lassen. Filtern, komplett auskühlen lassen, dann in Flaschen füllen.

Minzsirup

Zubereitungszeit: 25 Minuten
Ziehen lassen: 1 Nacht

4 Bund frische Minze
1 kg Zucker

Die Minzezweige waschen und trockenschütteln, die Blättchen abzupfen. Die Blättchen in eine große Schüssel geben und mit 1 Liter kochend heißem Wasser begießen. Die Schüssel mit Frischhaltefolie abdecken, den Aufguss über Nacht ziehen lassen.
Den Aufguss am nächsten Tag filtern und die Flüssigkeit in einen Topf gießen. Den Zucker hinzufügen und alles unter ständigem Rühren aufkochen, dann etwa 10 Minuten köcheln lassen. Vom Herd nehmen, komplett auskühlen lassen, dann in Flaschen füllen.

Orangenwein

Zubereitungszeit: 10 Minuten

Abgeschnittene Schale von
2 unbehandelten Orangen
200 g Zucker
1 l lieblicher Weiß- oder Roséwein

Orangenschale, Zucker und Wein in ein großes Gefäß geben. Zugedeckt 8 Tage durchziehen lassen. Anschließend filtern und in Flaschen füllen.

TIPP • Eiskalt serviert, ist dies ein herrlicher Aperitif.

Pfirsichlikör

Zubereitungszeit: 10 Minuten

2 Hand voll Pfirsichblätter
1 l lieblicher Weißwein
200 ml Branntwein
150 g Zucker

Die Pfirsichblätter waschen und mit Küchenpapier trockentupfen. Mit dem Wein, dem Branntwein und dem Zucker in ein großes Gefäß geben. Zugedeckt etwa 1 Monat durchziehen lassen, dabei gelegentlich umrühren. Anschließend filtern und in Flaschen füllen.

TIPP • Ein köstlicher Aperitif. Eiskalt servieren!

Nusslikör

Zubereitungszeit: 10 Minuten

6 ungeschälte grüne, d. h. unreife Walnüsse
1 l lieblicher Weißwein
250 ml Branntwein
150 g Zucker

Die Walnüsse vierteln und mit Wein, Branntwein und Zucker in ein großes Gefäß geben. Zugedeckt etwa 1 Monat durchziehen lassen, dabei gelegentlich umrühren. Anschließend filtern und in Flaschen füllen.

TIPP • Dieser Wein sollte eiskalt getrunken werden – toll als Aperitif!

Pfirsich- und Nusslikör

Kir

Einige Tropfen Cassislikör (oder Sirup aus Schwarzen Johannisbeeren, siehe Seite 146) in ein Glas geben und mit sehr kaltem trockenem Weißwein (oder Sekt/Champagner) auffüllen.

Granité mit Minzsirup

Ein großes Glas mit zerstoßenen Eiswürfeln füllen und darüber etwas Minzsirup (siehe Seite 146) gießen. Umrühren und am besten mit einem Strohhalm servieren.

Zitronensorbet mit Zitronensirup

Ein Tipp für Eilige: Unmittelbar vor dem Servieren Zitronensorbet in Gläser füllen und mit etwas Zitronensirup (siehe Seite 146) beträufeln.

Obstsalat mit Pfirsichlikör

300 ml Pfirsichlikör (siehe Seite 148) mit dem Saft von einer Orange sowie mit einer Zimtstange zum Kochen bringen, dann vom Herd nehmen und abkühlen lassen.
Zerkleinertes Obst in Schalen anrichten, mit der aromatischen Flüssigkeit begießen und sehr kalt servieren.

Clafoutis mit Kirschen und Rosmarin

Für 4 Portionen
Vorbereitungszeit: 25 Minuten
Backzeit: 30 Minuten

125 g feiner brauner Zucker
1 Eigelb
2 Eier
20 g Mehl, gesiebt
125 g gemahlene Mandeln
200 ml Milch
100 ml Rahm
1 Prise Salz
Butter für die Form
300 g Sauerkirschen oder Kirschen in Branntwein (siehe Seite 142)
1 Rosmarinzweig

Zucker und Eigelb verrühren, dann die ganzen Eier hinzufügen. Mehl, Mandeln und Salz dazugeben und alles kräftig verrühren. Milch und Rahm unterziehen und den Teig für 10 Minuten in den Kühlschrank stellen.
Inzwischen eine flache runde Auflaufform gut fetten. Die Kirschen darin verteilen, den Rosmarinzweig hinzufügen.
Den Teig gut durchrühren, dann über Kirschen und Rosmarin gießen. Bei 180 °C etwa 30 Minuten backen. Lauwarm servieren.

Clafoutis mit Kirschen und Rosmarin

Obstsalat mit Rumfrüchten

Zubereitungszeit: 15 Minuten

2 Orangen
2 Äpfel
1 Banane
1 Kiwi
1 kleine Ananas
1 kleine Mango
2 EL feiner brauner Zucker
200 ml Einlegflüssigkeit von Rumfrüchten
(siehe Seite 144)
einige Rumfrüchte
einige Minzeblättchen

Die Früchte schälen. Die Orangen in große Stücke schneiden. Die Äpfel vierteln, von den Kerngehäusen befreien und würfeln. Banane und Kiwi in Scheiben schneiden. Die Ananas vierteln, von Augen und Strunk befreien und in kleine Stücke schneiden. Das Fruchtfleisch der Mango grob würfeln.
Das Obst in eine große Schüssel geben. Zucker und Einlegflüssigkeit hinzufügen und alles behutsam mischen. Mit Frischhaltefolie abdecken und mindestens 3 Stunden durchziehen lassen. Den Obstsalat mit Rumfrüchten und Minzblättchen garnieren und eiskalt servieren.

Obstsalat mit Rumfrüchten

BOUTEILLES
L'IDEALE
CONSERVES

Anhang

Rezepte nach Kapiteln

Kursiv gesetzt finden Sie Ideen für weitere Rezepte mit den eingemachten Vorräten.

Rezepte von A–Z

Weitere Titel aus dem AT Verlag

Trish Deseine
Verrückt nach Schokolade
100 sinnlich-süße Verführungen

Trish Deseine
Kochen ohne Stress und Eile
125 Rezepte für den Familienalltag

Trish Deseine
Klein und fein
150 raffiniert-einfache Rezepte für Gäste

David Herbert
Picknick
100 raffiniert-einfache Rezepte für unterwegs und zu Hause

Annemarie Willdeisen
Gemüseküche

Annemarie Willdeisen
Fleischküche
Braten, Schmoren, Niedertemperaturgaren
Küchenpraxis und 120 Rezepte

Annemarie Willdeisen
20-Minuten-Küche

Julie Landis-Sager
Zucchini Zuchetti
Die besten Rezepte

Julie Landis-Sager
Tomaten
Die besten Rezepte

Karin Messerli
Kürbis
Die besten Rezepte

Karin Messerli
Rucola
Die besten Rezepte

Karin Messerli
Rucola, Bärlauch, Löwenzahn
Die besten Rezepte

AT Verlag
Stadtturmstrasse 19, CH-5401 Baden
Telefon +41 (0)58 200 44 00
Fax +41 (0)58 200 44 01
E-Mail: at-verlag@azag.ch
Internet: www.at-verlag.ch